Jacques Rouquet

J'ai rencontré Jésus

Jacques Rouquet

J'ai rencontré Jésus

Chemin parcouru et vie nouvelle

Éditions Croix du Salut

Impressum / Mentions légales
Bibliografische Information der Deutschen Nationalbibliothek: Die Deutsche Nationalbibliothek verzeichnet diese Publikation in der Deutschen Nationalbibliografie; detaillierte bibliografische Daten sind im Internet über http://dnb.d-nb.de abrufbar.
Alle in diesem Buch genannten Marken und Produktnamen unterliegen warenzeichen-, marken- oder patentrechtlichem Schutz bzw. sind Warenzeichen oder eingetragene Warenzeichen der jeweiligen Inhaber. Die Wiedergabe von Marken, Produktnamen, Gebrauchsnamen, Handelsnamen, Warenbezeichnungen u.s.w. in diesem Werk berechtigt auch ohne besondere Kennzeichnung nicht zu der Annahme, dass solche Namen im Sinne der Warenzeichen- und Markenschutzgesetzgebung als frei zu betrachten wären und daher von jedermann benutzt werden dürften.

Information bibliographique publiée par la Deutsche Nationalbibliothek: La Deutsche Nationalbibliothek inscrit cette publication à la Deutsche Nationalbibliografie; des données bibliographiques détaillées sont disponibles sur internet à l'adresse http://dnb.d-nb.de.
Toutes marques et noms de produits mentionnés dans ce livre demeurent sous la protection des marques, des marques déposées et des brevets, et sont des marques ou des marques déposées de leurs détenteurs respectifs. L'utilisation des marques, noms de produits, noms communs, noms commerciaux, descriptions de produits, etc, même sans qu'ils soient mentionnés de façon particulière dans ce livre ne signifie en aucune façon que ces noms peuvent être utilisés sans restriction à l'égard de la législation pour la protection des marques et des marques déposées et pourraient donc être utilisés par quiconque.

Coverbild / Photo de couverture: www.ingimage.com

Verlag / Editeur:
Éditions Croix du Salut
ist ein Imprint der / est une marque déposée de
OmniScriptum GmbH & Co. KG
Heinrich-Böcking-Str. 6-8, 66121 Saarbrücken, Deutschland / Allemagne
Email: info@editions-croix.com

Herstellung: siehe letzte Seite /
Impression: voir la dernière page
ISBN: 978-3-8416-9904-6

Copyright / Droit d'auteur © 2014 OmniScriptum GmbH & Co. KG
Alle Rechte vorbehalten. / Tous droits réservés. Saarbrücken 2014

J'ai rencontré Jésus

Chemin parcouru et vie nouvelle

Jacques Rouquet

Introduction

Je raconte dans un livre :
"Souviens-toi du chemin parcouru", que c'est en revenant sur les lieux de mon enfance et adolescence que me vint l'idée de raconter, dans ce chemin parcouru, ce que furent les trois étapes principales de ma vie :
Jeunesse, affaires, conversion, chacune d'elles marquée par des temps très forts que j'ai eu envie de partager avec vous.

Ce livre reprend une partie de mon autobiographie, avec pour objectif de mettre plus particulièrement l'accent sur l'intervention de Dieu dans ma vie
Je veux faire mienne cette pensée de Socrate :

"Toute personne est suffisamment éloquente pour parler de ce qu'elle sait".
Je pense qu'il est important de témoigner malgré le nombre des années passées, que le Seigneur est toujours le même, hier, aujourd'hui, éternellement.

Ce livre aurait pu s'intituler : »De la vanité à l'essentiel « c'est le résumé d'une première partie de vie passée à rechercher la réussite, le succès, et l'intervention de

Dieu, par jésus, qui m'a interpellé pour réviser les fondements de ma vie.
Ainsi, je fus amené à chercher d'abord et avant tout le royaume de Dieu et sa justice ce qui ne m'a privé de rien, bien au contraire puisque tout m'a été donné par-dessus.

Mathieu 6/33 :
« Cherchez premièrement le royaume et la justice de Dieu et toutes ces choses vous seront données par-dessus »

Jacques Rouquet

SOUVENIRS D'ENFANCE

J'ai passé une bonne partie de mon enfance, puis adolescence à la campagne, et je reste toujours émerveillé de ce que j'ai pu y apprendre, naturellement, par tout ce qui la compose!

Pourtant, avant de me retrouver dans un lycée de renom à Toulouse, notre vie de tous les jours n'était pas sans difficulté.

Mes parents étaient pauvres, nous étions quatre enfants, un frère et deux sœurs, nous n'avions pas d'eau courante, pas de commodités, et le "confort général" était inexistant.
Bien des années ont passé et pourtant je me trouve toujours surpris par cette pensée que je ne me suis aperçu de rien!

Nous n'avions rien, mais je n'ai jamais manqué de rien!
C'est ainsi que j'ai pu constater dans mes entretiens pastoraux, que si on est aimé, si le couple ne se dissocie pas, la fratrie ensemble, se nourrit de cette unité, affection.
J'ai beau chercher dans mes souvenirs, les moments pénibles dus à cet inconfort, je n'en trouve pas qui m'aient traumatisé.

Nos parents avaient malgré tout certains principes, moraux, civiques, religieux, qui restèrent inculqués dans mon esprit.
J'ai été enseigné dans la religion, catéchisme, enfant de chœur, messe, enfin, tout ce qui habitue un enfant à participer aux offices.

Pourtant autant que je me souvienne, cela ne m'a pas empêché de dévier, de ne pas tenir compte de toutes ces recommandations.
Je me suis laissé entraîner dans la folie des expériences de l'adolescence qui peuvent parfois, laisser des traces indélébiles.

Néanmoins, j'avais une certaine admiration pour le prêtre qui officiait dans mon village.

C'était un vieux curé d'autrefois, qui marchait souvent dans cette campagne et il n'était pas difficile de le rencontrer, lorsqu'il sillonnait les petites routes de cette région.

Il avait plusieurs paroisses à s'occuper et il lui arrivait de couvrir la distance entre l'une et l'autre, à pied, les automobiles à cette époque étant peu nombreuses.

Je me rappelle qu'il lisait la bible tout en marchant et ce souvenir reste bien ancré en moi.

En tant qu'enfants de chœur, nous avions eu le droit de participer à toutes les cérémonies concernant le village, baptêmes, communions, mariages, et décès.

Nous étions de ce fait associés à toutes les peines, chagrins, tristesses, mais aussi aux joies, aux fêtes. Rien d'important ne pouvait se passer sans que nous ne soyons au courant ; c'est aussi cela la vie d'un petit village.

Ce vieux curé m'avait interpellé plusieurs fois, et je pense qu'il m'aimait bien.

D'ailleurs, plus tard, il m'avait invité à faire ma communion solennelle à l'église de notre village, alors que je l'avais déjà faite au lycée de Toulouse où j'étais en classe.

Il tenait à m'associer à cette fête parce qu'il voulait aussi récolter en ce jour le fruit de son travail spirituel, tout en m'associant, par solidarité, à mon village.

D'après lui, je me devais d'être présent aussi ce jour là, avec mes camarades. Dans le fond, je fus marqué par ce que j'ai considéré comme une marque d'affection, car il avait tant insisté pour que je participe à cette cérémonie !

Un jour, alors que ce prêtre marchait, comme il en avait l'habitude, en lisant la bible, (parfois tellement occupé par sa lecture qu'il ne prenait pas garde aux véhicules qui

circulaient), me promenant à vélo, je m'arrêtai pour le saluer et nous fîmes quelques pas ensemble :
« Sais-tu que, dans la bible, il y a plusieurs Jacques ?"
Il me donna quelques explications sans que je puisse aujourd'hui les rapporter avec précision.

Toutefois, je fus interpellé par les propos de cet homme qui planta dans mon esprit des paroles venant du ciel.
Je devais avoir douze ans environ, mais ces propos me touchèrent et il m'en reste aujourd'hui encore un souvenir chargé d'émotions parce que, avec le recul et l'intervention de Dieu dans ma vie, je peux dire que ces paroles étaient prophétiques.
Sûrement, Dieu me disait quelque chose au travers de ces échanges. Mais l'insouciance de l'adolescence reprit rapidement son cours et ces mots ne me revinrent à l'esprit que bien des années plus tard.

J'aime cultiver la reconnaissance, j'aime mettre l'accent sur cet antidote qu'est la gratitude, par rapport à l'orgueil, l'égoïsme et la désobéissance!
C'est le remède qui nous aidera par les actions de grâces rendues à notre grand Dieu, à relativiser toujours plus ce qui est charnel.
Quand nous sommes reconnaissants, nous nous souvenons de celui qui ne nous doit rien, mais qui nous donne tout, qui nous a tout donné.

La véritable nature de la grâce, n'est-ce pas recevoir ce que nous ne méritons pas ?
Bien que cela ne soit pas une façon de cacher peines et souffrances, la reconnaissance est le choix délibéré de nous souvenir combien nous sommes bénis.
Plus que de l'optimisme, c'est la proclamation de notre foi en Dieu, en sa grâce, en son amour, en ses provisions et en sa bonté. Autrement dit, quand nous sommes reconnaissants, notre "réservoir" est plein.

Ainsi, même si ma vie bouleversée par ma rencontre avec Jésus-Christ, ne fut pas directement, la conséquence de ces relations, je veux rester sensible à ces interventions et apprécier ces "panneaux indicateurs".

Ce n'est pas que je veuille à tout prix, positiver, mais dans certains moments de méditation, je me surprends même à ne pas classer dans la catégorie des souffrances qui ne s'estompent jamais les difficultés dans lesquelles nous vivions.
Parce que la pauvreté était un mot pourtant bien faible pour exprimer comment nous vivions, le terme de misère convenait mieux pour décrire cette situation !
Mais peu importe le mot, je veux plutôt insister sur le fait que, pendant cette période, je n'ai retenu que l'amour de mes parents et leur protection.

J'ai été profondément marqué par la vie de famille même s'il n'y avait jamais les moyens pour fêter quoi que ce soit, sans toutefois, n'avoir jamais manqué de l'essentiel.

Les faibles moyens ne permettaient rien de ce qui aurait pu passer pour superflu.
Les cadeaux des fêtes de Noël se résumaient à un ballon, éventuellement, quelques mandarines, très peu de confiseries. Notre contentement ne se trouvait pas dans ces choses matérielles, et puis, nos copains n'avaient pas mieux, donc, c'était bien.
Non, cette pauvreté n'a pas touché mon esprit pour y laisser une marque indélébile, ou un arriéré de souffrances inguérissables.

Non, parce que nous avions nos parents et que nous étions ensemble. Je n'ai pas, à ce jour, éprouvé de frustration par rapport à cette enfance :
Je me réjouis encore d'avoir pu sillonner cette campagne, y gambader, chasser, d'y avoir appris les bases concernant la nature, les animaux, les oiseaux, les insectes, la vie des paysans… D'avoir pu connaître les fruits de chaque saison, d'avoir pu, pas

toujours librement, chaparder des amandes, des abricots, des pêches, des cerises, des pommes, des poires, des grenades, des kakis,

J'ai souvent parlé et écrit, au sujet de tout ce que j'ai aimé et appris de la nature qui nous enseigne tant.
Lorsque mon épouse s'est convertie, elle raconte que jusqu'alors, rien dans la nature ne lui paraissait mériter une quelconque attention.
Pourtant, au moment de sa conversion, les arbres, les fleurs, les champs, étaient devenus magnifiques!

Néanmoins, après une expérience de conversion, rien ne change vraiment : le goût du café, le caractère de nos proches, la couleur du ciel, la pluie, sont toujours les mêmes, les arbres, les fleurs etc.
En revanche, ce qui change, c'est le regard que l'on porte sur les gens et les choses, ce qui nous conduit à rendre grâces pour le morceau de pain le plus quotidien, pour les merveilles de la nature!.
« Soyez reconnaissants », dit l'apôtre Paul.

En nous appelant à la gratitude, il nous invite à rester étonnés devant les événements les plus ordinaires. Après avoir vécu une expérience de conversion, un homme a écrit sur un carnet :
" Ô merveille inimaginable : je bois mon café le matin et je salue la gardienne de mon immeuble en allant travailler" ! Pour le commun des mortels, il n'y a pas de quoi s'émerveiller devant des activités aussi ordinaires que boire son café ou saluer la gardienne de son immeuble, et pourtant..

Dans ce parcours d'adolescent, j'ai fait la connaissance de gens merveilleux, des missionnaires qui m'ont touché par leur approche du fait religieux:
Humilité, simplicité, foi et enthousiasme!

VIE AU LYCEE

Mais, mes études dans ce lycée de renom à Toulouse, me firent rapidement perdre toute illusion sur la capacité de l'être humain à être bon par ses propres efforts!
Là, en cet endroit, je dus me rendre compte que si je voulais m'en sortir sans trop de mal, je devais revêtir une carapace.

De cette période, je garde le souvenir de mon apprentissage dans un milieu bourgeois, qui me sert encore aujourd'hui!
Pour cet adolescent en provenance de la ruralité, rustre et brut de décoffrage, il fallut apprendre vite. Ceux de "la ville" n'étant pas décidés à faire des cadeaux ni perdre du temps pédagogiquement.

J'ai encore le sentiment d'avoir été aidé, protégé, gardé, surveillé par celui qui plus tard se révélera d'une façon miraculeuse dans ma vie!
Cette période de ma vie fut très mal vécue à cause de la crise de l'adolescence, sans doute aussi de l'incompréhension de mes parents.

Je ne leur reproche rien parce qu'ils avaient tant de soucis, de difficultés, que ça leur était presque impossible d'assumer et d'affronter ce mal être de ma jeunesse.
J'étais un enfant fragile, je fus un adolescent sensible, émotif et vulnérable. Je dus apprendre à me protéger, à rechercher ce qui pouvait renforcer ma personnalité, et là encore, avec le temps je vois combien je fus préservé de toutes situations irréversibles.

J'avais commencé une nouvelle carrière et il y avait en moi un mélange de fierté et d'appréhension, de crainte.
Je pense que cette base de la vie à la campagne est une bonne base pour affronter les vicissitudes de la grande ville. D'autant que ma vie sans confort m'a bien servi, du point de vue de la résistance, en regard des diverses épreuves que j'ai pu rencontrer.

Bien entendu, je m'aperçus très vite de la différence au niveau du confort, du train de vie, avec mes nouveaux copains de classe ; ne serait-ce que dans l'habillement, c'était évident ! Rapidement, je compris que mes relations avec tous ces camarades resteraient superficielles par rapport à tout ce que j'avais connu jusqu'alors.
Je regrettais mes copains du village car nous vivions les mêmes difficultés, la même pauvreté, il me semblait que quelque chose me manquait dans cette superficialité évidente !

Dans ma mémoire sont gravés à jamais les souvenirs de cette enfance vécue dans la pauvreté ; Ce bonheur qui ne se trouve pas dans la possession des biens matériels, mais dans ces petits riens qui vous laissent des souvenirs impérissables !
Ces petits riens faits de fraternité, de partage, d'amitié. Rien n'a jamais pu remplacer ces amis d'enfance.

Cette nouvelle expérience, cette nouvelle vie d'adolescent au lycée, je le vécus chez ma grand-mère, dame de compagnie d'une dame issue de la bourgeoisie de cette grande ville de Toulouse. Cette proximité m'apporta beaucoup, par ce que j'y appris pendant ces années en côtoyant la société dite bourgeoise.
Par contre, elle me priva d'une chose essentielle mais jamais je ne le laissai paraître, la présence de mes parents, de mes frères et sœurs, et de mes amis du village.

Oui, bien sûr, les leçons que j'emmagasinais ne furent pas inutiles. Encore aujourd'hui, je porte un regard plein de reconnaissance sur cette culture qui me manquerait maintenant, si je n'étais pas passé par ce chemin.
Le niveau, à tous les points de vue, n'avait rien à voir avec ce que je connaissais jusqu'alors, et je sentais bien que cela était bon pour moi. J'appris les bonnes manières, les formules de politesse, à bien me tenir en toutes circonstances. Et, avec un peu de curiosité, je me "cultivais" dans de nombreux domaines.

Mais ceux que j'aimais profondément me manquaient. Sans aucun doute il y a toujours un prix à payer pour une relative réussite.

Ce fut, pour moi, plus tard, le sujet d'une réflexion approfondie. Je crois que personne ne sut voir ma souffrance d'enfant, à cause de ce changement radical de vie, de cette séparation un peu brutale…Même si elle était nécessaire.
J'aime à dire encore aujourd'hui qu'un déficit d'affection n'est pas compensable…Sauf si Dieu intervient et se manifeste alors glorieusement.

Je ne peux oublier ces lundis où mon papa m'accompagnait, me laissant à proximité du lycée.
Je savais que je resterais une semaine sans voir mes parents, ma famille. J'étais triste, et lorsqu'il me laissait, sur la place du capitole, j'avais une forte envie de pleurer.
Je pense que mon père s'apercevait de ma peine, mais il ne pouvait faire autrement.

Ma grand-mère était une femme formidable dont le devoir passait en priorité.
Elle avait vécu des moments difficiles mais rien ne laissait jamais transparaître ses souffrances.

Les gens de cette époque avaient de l'endurance face au mal, aux épreuves ; ils ne se laissaient pas arrêter par un petit obstacle. Je savais que ma grand-mère m'aimait, aimait sa famille, nous aimait, elle me l'a prouvé tant de fois. Si je n'ai pas pu te l'exprimer comme j'aurais dû, je te demande pardon, "marraine", c'est ainsi que nous l'appelions.

Chère grand- mère, tu as été pour moi quelqu'un d'extraordinaire, et à ce moment-là, ton affection m'a été si précieuse, qu'en écrivant ces lignes j'en suis particulièrement ému.

Pourtant, je ne saurais expliquer ce manque, même me sachant aimé de mes parents. Leur absence me laissait un vide qu'aucune autre personne ne pouvait combler. Aujourd'hui, je pense pouvoir dire, malgré tout, que l'on ne peut pas remplacer affectivement les parents que Dieu nous a donnés.

La substitution, même lorsqu'elle est obligatoire, ne comblera jamais ce vide laissé par un attachement de sang, si je peux me permettre.
Mon expérience pastorale m'aide à dire que l'on ne peut pas remplacer une carence parentale affective, mais par contre, on peut aider à la rendre moins douloureuse, presque anodine !

Il est important de ne pas se faire trop d'illusions à ce sujet, car c'est une perte de temps considérable que de vouloir prendre la place affective destinée à d'autres, et de faire de gros efforts qui s'avèreront peu productifs.
Il vaut mieux prendre sa vraie place, aimer pour faire du bien, atténuant ainsi la frustration qui, la plupart du temps, est l'apanage de ces cas.
Qui est suffisant pour une délivrance complète de ces peines?
Dans son témoignage poignant, mon épouse raconte que personne ne pouvait la tirer de cette prison ou elle avait fini par s'enfermer elle-même:

« Lorsque je repense à cet événement dit-elle, je peux dire avec certitude qu'il fut pour moi si violent, qu'il aurait pu me détruire si quelqu'un ou quelque chose ne veillait sur moi. »

C'est ainsi que je m'exprime maintenant, sachant que ce n'est pas quelqu'un ou quelque chose », mais bien celui qui ne sommeille ni ne dort, c'est à dire Dieu, qui a sûrement veillé sur moi.

C'est courageux, de bien vouloir regarder à notre passé avec lucidité, nous rappelant qu'à certains moments de notre vie, nous avons malgré tout été gardés, protégés !

Je connais le pouvoir destructeur de la peine que l'on garde pour soi, parce que impossible à partager, et cela devient insupportable, invivable.
Je peux relater avec certitude, que tout en voulant éviter la confrontation de mes souvenirs, ceux-ci me revenaient en pleine figure comme un boomerang.

Chaque fois qu'un événement, une circonstance me ramenaient à ces rendez-vous de la souffrance intérieure, je devais faire de sérieux efforts pour éviter le pire.
Mon époux aime à rappeler qu'il y a toujours dans les afflictions, celles dont nous sommes responsables, celles que les autres nous ont infligés, et aussi celles que nous ressentons, sans que nous puissions déterminer avec précision, d'où elles viennent, comme enfouies en nous.

Ces chagrins permanents, peuvent devenir des tourments s'il n'y a pas compréhension, intervention et guérison «

Maintenant, nous savons que Dieu seul a cette capacité parce que, créateur, il sait ce qu'il y a au fond des cœurs.
Dans cette enfance, de nombreux appels, non détectés, non entendus, se sont manifestés, pour m'interpeller afin de modifier la trajectoire de ma vie.

Ce que j'appelle des panneaux indicateurs se sont présentés à moi sans que je réponde à ces avertissements.
Je regrette d'avoir négligé ces appels successifs qui m'étaient adressés, ne leur accordant aucune importance. Bien des épreuves subies auraient pu être évitées.

Mais voilà, l'être humain est ainsi. Vouloir diriger sa vie à sa manière, empêche de se rendre compte qu'il ne sert à rien de marcher en occultant le plus important : vivre en paix avec Dieu, c'est aussi vivre en paix avec sa conscience.

J'ai fait des rencontres extraordinaires, qui auraient pu m'aider à prendre d'autres décisions !
C'est aussi cela qui me semble aujourd'hui important, ces personnes
Qui sur ma route m'ont fait tant de bien. Je sais que c'est bien difficile mais elles ne sont pas allées jusqu'au bout de leur action en m'invitant à entrer, à me préparer pour servir.

Car, après ces rendez-vous manqués, ma vie prit une tournure matérielle, avec cette ambition dévorante de réussir. N'épargnant rien ni personne, faisant alors abstraction de tout ce qui pouvait être un empêchement, une entrave, à ma réussite personnelle.
Je ne sais pas pourquoi je suis passé du tout au rien dans le domaine spirituel ; ce que je peux dire, c'est que toute sensiblerie me semblait désuète, me paraissait être un obstacle à cette marche dans le monde.

J'avais l'impression qu'il me fallait laisser de côté mes sentiments ; rien ne devait dorénavant me gêner dans cette marche en avant.
Je passe sous silence les péripéties diverses de cette période de ma jeunesse qui m'amena à quitter le lycée pour travailler, tout en jouant au football dont je voulais faire ma spécialité.

Ma déception dans ce domaine fut à la mesure de mes ambitions. Plusieurs blessures sérieuses me ramenèrent encore à la dure réalité :
On n'est pas maître de sa destinée !

MARIAGE ET AFFAIRES

Mon mariage, à dix neuf ans et demi me rappela la dure réalité, celle de nouvelles responsabilités, que je devais assumer et qui ne sont pas toujours bien comprises à cet âge-là.
A partir de ces moments, je n'eus pratiquement plus de signes spirituels sur ma route.

Après mon service militaire, mon but, ma recherche principale furent de réussir dans les affaires ; cet objectif était une motivation suffisante pour mettre de côté toute tentative de sensiblerie, religieuse ou autre.

Je veux signaler ici que l'on peut accuser Dieu de nous laisser tomber, mais, je l'ai dit par ailleurs, je sais qu'il ne m'avait pas oublié, que son regard bienveillant restait posé sur moi. Je peux le dire maintenant, c'est moi qui volontairement ne voulais plus entendre parler de lui.

Il nous laisse libre et, pour ma part, je l'avais rangé dans le placard. D'autant que, recherchant ce qui aurait pu m'aider dans cette marche ambitieuse, je démarrai dans le commercial.

Ce n'est pas là une voie qui nous rapproche des choses spirituelles.
Un métier où le sentiment, toute sensiblerie, sont exclus, sous peine de sanction dans la non concrétisation d'affaires, ce qui entraîne bien vite un échec.

Toutefois, la pratique du porte à porte durant cette période m'apprit beaucoup.
Ce contact journalier avec des gens tellement différents, de culture et de profession tellement éloignées les unes des autres, vous forme un homme en peu de temps, pourvu qu'il puisse tenir le coup pendant cette formation.
J'ai rencontré aussi des gens charmants, d'une gentillesse rare, d'une simplicité désarmante, malgré le fait de devoir faire abstraction de tout sentiment. J'ai de bons

souvenirs de cette période, et je peux dire avoir essayé au fond de rester moi-même, c'est-à-dire de ne pas être allé au-delà de certaines limites.

Dans un prochain chapitre, j'aborderai plus précisément ce qui provoqua le déclic pour me lancer dans les affaires. Le sens de la communication, le contact avec des personnes de tous milieux, de toutes origines, la maîtrise de soi dans les situations les plus diverses, je l'appris au cours de cette année de travail au porte à porte.
Que de situations prêtant à rire, au ridicule parfois, que de personnes intéressantes, d'autres extraordinairement surprenantes !

Ce mélange journalier d'imprévus avait aussi son piment. Même si tout n'était pas rose, je regarde cela avec humour, en bon enfant.
Je pense encore à ces ventes rocambolesques d'un autre temps, où bien des réalisations étaient le fruit d'une grande confiance dans l'homme, le vendeur. En même temps, pour quelqu'un de relativement honnête, ces prises de position responsabilisent. Il arrive parfois que l'on prenne parti pour ces amis qui ont placé en vous leur confiance, faisant souvent, à ces occasions preuve de naïveté.

Je ne m'étais pas imposé de limites, mais mon cynisme n'atteignit jamais le niveau de certains avec qui je travaillais, et je dus quelquefois me dissocier de leurs actions malhonnêtes !

Oui, au fond en écrivant ces lignes, je me rends compte que mon éducation religieuse avait servi à quelque chose. Elle me fixait malgré tout des repères que je paraissais ne pas pouvoir dépasser. Chacun de nous a pu trouver sur son chemin des personnes de cet acabit-là, sans foi ni loi, n'ayant aucun sentiment ni aucune conscience et encore moins de remords.
Mais avouons que la plupart ne sont pas comme cela, c'est une joie de le constater n'est-ce- pas ?

J'ai croisé sur ma route les deux catégories, mais ce qui m'a le plus impressionné dans l'absence de tout sentiment, c'est je crois, le cynisme !

L'occasion de me lancer dans les affaires se présenta un jour. Il faut bien reconnaître que ce ne fut pas seulement le fruit du hasard. Depuis quelque temps nous faisions, mon beau frère et moi des efforts pour nous sortir de cette situation précaire de la vente au porte à porte. D'autant que nous comptions sur l'expérience acquise dans ce domaine, pour la mettre en pratique pour notre propre compte.
Cette proposition, d'acheter un commerce qu'il serait possible d'exploiter ensemble, mon épouse et moi-même nous séduisit et arrivait à point.
Je pensais qu'elle me permettrait d'assouvir mes ambitions et d'étancher ma soif de réussite.

Il s'agissait d'un négoce de vins et spiritueux qui présentait de grosses possibilités de progression, d'extension, ce qui ne fut pas pour nous déplaire. vu notre ambition.
Les détails ici mentionnés ne sont pas écrits pour romancer quoi que ce soit. J'ai simplement voulu que la réalité transparaisse pour rendre gloire à Dieu, sachant d'où il nous avait sortis, avec un profond désir que toute notre reconnaissance lui soit attribuée !

Il est important de dire ce que furent ces diverses étapes de ma vie. Avant de pouvoir partager cette intervention miraculeuse de Dieu qui la bouleversa, la changea au point que les choses anciennes devinrent vraiment des choses passées. Effectivement toutes choses devinrent nouvelles par la grâce de Dieu.
Chemin parcouru vers une vie changée, chemin parcouru et nouveauté de vie, trajectoire de vie modifiée.

Dans ce parcours d'une enfance marquée par la pauvreté, dont je ne puis dire que j'en ai véritablement souffert, il y a bien sûr des traces, des séquelles enfouies, cachées.

Après une adolescence que je qualifie de normale, je rappelle que la religion y avait pris une part non négligeable. Dans ce parcours, je n'avais plus de panneaux indicateurs parce que de toutes manières, je n'en souhaitais pas, je ne voulais pas les voir.

On ne peut pas nier que la religion apporte des interrogations utiles, des remises en question sur l'existence. Elle permet un examen de soi-même, ce qui peut être vital si on en comprend le sens.

Certains se reconnaîtront dans ce parcours jalonné de doutes, d'incertitudes, de fragilité, de sensibilité.

La première partie de leur vie aurait pu devenir autre chose, l'idéal pensé aurait pu devenir réalité. Je me demande en même temps si ceux qui me furent proches, ceux qui le sont encore ont ressenti les mêmes choses que moi.

Ce n'est pas véritablement important, mais j'ai tellement appris que le « ressenti » prend souvent des proportions considérables dans notre vie.

Nous imprégnons notre pensée de certaines impressions, produites par notre imagination, qui font leur chemin jusqu'à incruster des convictions et qui pourtant, ne sont que le fruit de cette imagination.

Nos jeunes ont besoin de dialogue; pour eux, passer des heures à parler sans but bien précis est important.

Alors que nous aimerions fixer des objectifs, ils ont besoin de simplement partager, de se sentir appréciés.

Nous avons tous tellement besoin de nous sentir aimés, appréciés, admirés.

A plus forte raison cette jeunesse qui est en proie au doute à chaque instant. On veut leur dire que les valeurs de base d'autrefois ne sont plus valables. Ils sentent bien pourtant un besoin de repères, de certaines règles, de limites !

Nous ne pouvons pas juger de ce que nous croyons indispensable pour nous comme l'étant également pour les autres. Je ne veux pas ici parler de la tolérance, mais considérer que nous sommes tous différents et en même temps des individualités, Créatures de Dieu.

Il n'est que de se souvenir de l'ADN pour resituer toutes choses.
Sur le plan affectif, la reconnaissance par l'amour est nécessaire et vitale. La manifestation de cet amour se doit d'être réelle et non pas seulement platonique.
Je vois aujourd'hui tant de personnes qui sont en manque dans ces domaines. Surtout chez les gens d'autrefois où, sous prétexte de pudeur, il n'était pas question de manifester physiquement quelque tendresse !

Je ne crois pas qu'un amour platonique, à cet âge de l'adolescence puisse être interprété à sa juste valeur par un enfant, par un jeune.

Je sais que mes parents m'aimaient, nous aimaient, mon frère, mes sœurs et moi.
Tout récemment, j'ai eu l'occasion d'en parler avec l'une de mes sœurs, et je peux interpréter ces paroles comme un vide affectif. Cet amour non exprimé est regrettable, parce qu'il y avait des besoins non comblés, des attentes restées sans réponse.

Mais nous avons tous apprécié nos parents, même si cela fut à des degrés divers, en fonction de notre « ressenti ».
Il y a peu de temps, j'écoutais l'histoire de ce docteur chrétien, spécialiste de la guérison intérieure, des blessures de l'enfance.
Il racontait qu'un jour, il lui vint à l'esprit de prendre dans ses bras son fils qui jouait tranquillement ; il le prit dans ses bras sans aucune raison apparente, simplement pour lui manifester son amour. Ce garçon, tout surpris de cette étreinte paternelle, lui demanda d'ailleurs pourquoi il se manifestait ainsi ; et son papa lui répondit :

« Pour rien, simplement parce que je t'aime ».

Voyez-vous, ce docteur expliqua que nous avons l'habitude de récompenser nos enfants quand ils font quelque chose de bien en leur signifiant notre amour. Mais il nous vient rarement à l'esprit de les prendre dans nos bras pour exprimer tout simplement notre amour sans référence à quoi que ce soit d'autre que l'amour parental.

Il est important de concrétiser notre amour par des gestes, des marques d'affection, à nos enfants, nos proches, ne leur attribuant pas une récompense, mais simplement un signe d'affection, dispensé gratuitement.

Je remercie Dieu de m'avoir aidé dans tous ces domaines, de m'avoir permis de reconnaître mes manquements, mes erreurs, mon orgueil, de m'avoir pardonné ces fautes, ces défaillances.

Je veux également dire à ceux de mes proches auxquels je n'ai pas su apporter toute cette affection, auxquels je n'ai pas su manifester par pudeur, orgueil et autre, des marques de mon amour qu'ils attendaient que je leur demande pardon.

Qu'ils sachent que je regrette profondément de ne pas avoir été à cette hauteur spirituelle.

Je dois en revenir à l'introduction de ce chapitre, concernant l'un des moments importants de ma vie, à l'une des étapes qui marquèrent un tournant : l'achat de ce commerce dans une ville de province.

Bien sûr, il n'est pas interdit d'avoir de l'ambition, de chercher à réussir, et lorsque l'on est jeune cela est tout à fait normal.

Le problème, c'est que l'on finit souvent par s'accorder avec cet adage qui dit que la fin justifie les moyens.

Pour satisfaire nos propres ambitions nous savons tous qu'il y a bien des choses à laisser sur l'autel des sacrifices, malheureusement il s'agit souvent des foyers, des couples, des enfants, et de bien d'autres choses d'égale valeur.
Il n'existe pas de réussite sans compromis, sans se saisir des opportunités, et celles-ci sont dangereuses; ces choix à faire instantanément juste pour un gain, sont forcément rarement réfléchis et donc opposés à la sagesse.

Je l'ai déjà raconté dans les précédents chapitres :
Ma jeunesse fut jalonnée de signes religieux réels interpellants pour moi. Ils furent utiles dans la fixation de limites à ne pas dépasser. Mais quand je vois ce dont l'homme est capable pour satisfaire son ego, je ne peux imaginer un seul instant qu'il soit apte à se régler lui-même avec une autorégulation morale !

Cela m'avait gardé pour un temps dans la normalité. Mais maintenant, les affaires étant ce qu'elles étaient, ayant perdu volontairement tout repère spirituel, je ne voyais plus l'utilité de mettre un frein à mon entreprise ambitieuse. D'autant que ma formation commerciale de terrain m'encourageait à exploiter cette voie des opportunités. Tout ce qui pouvait gêner, empêcher, entraver la marche dans cette voie large fut banni, rejeté, repoussé.

Une vie dorénavant sans foi ni loi s'ouvrait à nous et c'est volontairement que je me suis éloigné de Dieu : je ne voulais pas avoir affaire à lui, trop encombrant dans ma conscience.
Dans la Bible, il est écrit que nous devons recommander nos œuvres à l'Eternel pour que nos projets réussissent, eh bien, ce n'était pas mon cas.

En lisant ces lignes, d'aucuns diront que j'étais passé d'un extrême à l'autre. C'est exactement cela, et ce qui est paradoxal, c'est que dans ce nouveau monde on trouve de nouvelles amitiés. Des gens qui ont adopté les mêmes principes, et au fond, cela rassure quelque peu surtout si l'on n'est pas en difficulté !!!

Une vie de débauche, trépidante, qui ne vous laisse pas le temps de réfléchir. Elle vous entraîne ainsi dans des actions plus ou moins litigieuses, cautionnées par ceux qui vivent de la même manière que vous, ce qui est une façon de vous rassurer.
Une activité débordante, un planning bien rempli, des problèmes innombrables à résoudre ne vous permettent plus de penser, de réfléchir et d'agir sainement.

Mais quand on baigne dans ces affaires on ne s'aperçoit même plus qu'il existe, à côté, un monde normal.
Par contre, il existe des réussites honnêtes de chrétiens, et je n'ai pas l'intention de dire qu'il n'est pas possible de faire des affaires avec une bonne conscience, non, mais ce ne fut pas mon cas.

Il faut aussi ajouter ce paramètre important c'est que l'on peut être entraîné dans de mauvaises actions, à son insu.
C'est, qu'une fois en marche dans les affaires, il est difficile de revenir en arrière et même de s'arrêter.

Il y a la "gloriole", facteur de flatterie pour l'ego, mais en même temps je me rends compte que cet orgueil permettait une résistance acharnée, une persévérance à toute épreuve. Ce qui m'entraîne à cette réflexion : Il serait bon d'agir de la sorte pour des œuvres bien plus glorieuses que celle de satisfaire notre propre égo.
Lorsque nos agissements ne sont plus en conformité avec ce qui nous a été enseigné à la base, il reste malgré tout un minimum de conscience pour nous reprocher nos actions délictueuses.

Car nous savons bien que nous ne sommes plus en accord avec nous-mêmes. Nous ne sommes plus en harmonie avec les enseignements de base enfouis au-dedans de nous.

Il s'agit là de ma propre expérience. Je comprends que pour d'autres, cela soit différent, en fonction de l'éducation de base, religieuse, sociale et autre. Si elles furent manquantes, ne donnant donc aucun repère, je conçois que, sans aucune indications, ni avertissements, cela puisse les amener naturellement à une vie sans foi ni loi !

L'évolution de ces personnes-là se fait dans un système de société sans conscience; elle n'a plus les mêmes critères d'évaluation, les règles ne sont plus respectées.

En effet, que considère-t-on comme malhonnête, délictueux, mensonger ?

Les noms donnés à ces actions sont propres à la société qui les pratique. Les mensonges deviennent des arguments commerciaux, ne faisant de mal à personne.

Les malversations sous toutes leurs formes, fausses déclarations, paiements en espèces, dessous de table, tout cela finit par devenir un sport. Il est pratiqué par ceux qui se reconnaissent entre eux !

Je n'invente rien, je suis certain que nombreux sont ceux qui se reconnaîtront dans ces lignes. Au fond, le côté sportif de cette gymnastique, c'est de ne pas se faire prendre.

Mais ces actions passent-elles inaperçues aux yeux de tout le monde ? Pour ma part, en tout cas, ayant pratiqué ce sport, je peux dire que, malgré tout, on sait très bien que l'on est hors jeu, pour ne pas dire hors-la-loi !

Pendant longtemps je suis passé à coté des lois humaines sans que cela me gêne vraiment,

Pourtant, si l'on peut se soustraire aux lois humaines, on ne peut se soustraire à la loi divine ni à la justice de Dieu, ni à l'œil de Dieu qui lit au plus profond des cœurs !

J'étais encore très jeune, mais, déjà, j'avais en peu de temps, non pas oublié le vécu de mon enfance puis de mon adolescence, avec ses rencontres bénies, mais j'avais mis de côté, repoussé volontairement ce qui paradoxalement, faisait les fondations de ma vie.

Il est si facile de nous laisser entraîner dans cette voie large et spacieuse dont nous parle la Bible.
Cette voie qui, inexorablement nous conduit dans un gouffre sans fin. Oui, vous avez beau faire, dire, Dieu voit, vous pouvez en être certains.

Bien entendu, vous pouvez vous en moquer, ne pas tenir compte de son existence, vous voiler la face ou pratiquer la politique de l'autruche, cela peut également être le dernier de vos soucis, mais vous n'empêcherez pas Dieu de vous aimer, de vous rappeler qu'il est là et viendra à votre secours si vous l'appelez à l'aide.

Le chemin le plus court pour aller d'un point à un autre, étant la ligne droite, nous appliquons ce théorème à notre réussite personnelle.
Nous prenons le chemin qui nous parait être le plus rapide, avec ses moyens très souvent illicites !
Par contre, il faut admettre qu'il y a un prix à payer, et que bien mal acquis ne profite jamais !

La Bible nous enseigne qu'il vaut mieux un morceau de pain sec avec la paix, qu'une maison pleine de viandes avec des querelles !
Je dois reconnaître que si je peux, maintenant, avec joie, m'en inspirer, tel ne fut pas le cas dans la partie de vie des affaires dont je suis en train de vous parler !

Je n'entrerai pas dans les détails des principes appliqués pendant cette période pour réussir, mais, comme dirait mon frère, ils ne sont pas glorieux !

Pour multiplier en cinq ans notre chiffre d'affaires par dix, vous comprendrez aisément que cela ne se fait pas sans peine, sans travail, sans sacrifices. Il fallut y laisser quelques plumes et faire des compromis et compromissions !

Sur cet autel des sacrifices, mon épouse fut en partie "consacrée". Je dois avouer, en écrivant ces lignes, que je ne me suis pas non plus beaucoup préoccupé de notre fils aîné qui maintenant est pasteur d'une église dans une grande ville du sud de la France.

Je me rends compte aujourd'hui que sans le vouloir, j'ai reproduit ce qui s'était passé pour moi, ce que j'ai ressenti comme une forme d'abandon; je sais bien que ce ne fut pas le cas mais en réalité je l'ai vécu ainsi, je précise à nouveau, "ressenti" ainsi.
Il y eut séparation au moment où les besoins affectifs de l'enfance sont les plus importants !

Parents, soyez attentifs, à ne pas manquer ces occasions de bénir vos enfants, même si vous devez prendre sur vous et faire quelques sacrifices personnels.
Notre fils aîné fut envoyé dans un collège à cent kilomètres de chez nous, où il fut pensionnaire pendant quelques années.

Je crois qu'il a dû ressentir, comme moi, une forme d'abandon, même si ses grands-parents s'occupèrent particulièrement de lui à cette époque.
 Je pense qu'il a dû éprouver les mêmes sentiments que moi au moment de ma séparation d'avec ma famille.
J'avais besoin de la présence, de l'affection de mes parents, de mon frère, de mes sœurs. J'avais besoin de tout cet environnement dont on me privait sans penser à mal, bien sûr, mais qui me manqua énormément.

Je veux préciser ici que cette prise de conscience personnelle, intérieure, n'a pu se manifester que par la grâce de Dieu.
J'ai passé une bonne partie de ma vie sans m'en rendre compte, ou sans vouloir m'en rendre compte, sans vouloir entrer dans les détails.

C'est pourtant "bénissant et guérissant" de demander pardon pour les erreurs que l'on a pu commettre, de sentir que l'on reçoit ce pardon, et aussi, de comprendre au travers des situations personnelles vécues, les souffrances d'autrui.
Vous qui lisez ce livre, prêtez attention à ce que Dieu dit dans la Bible. C'est lui qui, renouvelant notre intelligence, peut faire surgir du passé nos mauvais comportements.

Non pas pour nous condamner, mais bien au contraire pour que par son pardon, nous puissions marcher en nouveauté de vie.
La bénédiction n'est pas seulement pour nous, mais aussi pour ceux qui nous entourent.

Il y a, par ces prises de conscience, un effet boule de neige dans la guérison de certaines souffrances intérieures.
Je raconterai dans un prochain chapitre comment je fus touché par Dieu à salut.
Mais comment ne pas le bénir pour avoir retrouvé, par sa grâce, une sensibilité spirituelle qui me permet, aujourd'hui, de voir avec justesse et vérité cette vie de péché ?

Avec son aide, je peux revenir sur ces situations sans que mon orgueil en soit froissé.
Au contraire, l'efficacité de Dieu, c'est de nous donner à tout moment, par l'humilité, accès à la bénédiction découlant du pardon.
Dans ce temps passé dans les affaires, il y eut une lutte sans merci pour faire prospérer ce commerce. D'autant que nous étions arrivés sans argent, et, l'argent étant le nerf de la guerre, il fallait faire preuve d'imagination.

Nous avons du travailler beaucoup plus, afin d'honorer les engagements contractés.
La fougue de la jeunesse, le défi à relever, l'agressivité de la concurrence stimulaient notre enthousiasme. Ils furent des sujets de motivation, des moteurs, des "boosters" pour notre réussite.

Tout est bien entendu, relatif, concernant le succès ; mais dans l'ensemble, la fierté, lorsque l'on n'est parti de rien pour arriver à certains objectifs fixés, c'est d'avoir par cela prouvé que l'on est capable de quelque chose.
Encore ici, je dois reconnaître que cela satisfaisait plus notre ego que notre patrimoine, comme si ce n'était pas l'essentiel.

On peut imaginer par ce vécu combien nombreux sont ceux qui étant dans ce cas, s'aperçoivent un jour que tous ces sacrifices n'ont servi à rien car le plus important était ailleurs !

Il est toujours très intéressant d'analyser ces choses-là avec un peu de recul et beaucoup d'humilité ; celle-ci nous aide à reconnaître ce qui, souvent, est évident.
Toutefois, dans certaines circonstances, nous ne voyons pas ce qui est primordial. Nous sommes aveuglés par nos objectifs, futiles et dérisoires par rapport à l'essentiel. Un de mes anciens patrons, (avec lequel j'ai travaillé quelques années), dans sa philosophie personnelle, me disait souvent qu'une personne qui ne voulait pas reconnaître et s'excuser devant les évidences était stupide.

Il voulait me faire remarquer par cette réflexion, que la reconnaissance de ses erreurs, et la demande de pardon n'était pas l'apanage des chrétiens.
Pourtant je n'ai pas expérimenté très souvent, dans ma vie professionnelle, ce genre de discours. Néanmoins, sa réflexion reste particulièrement valable !
Ce parcours dans les affaires fut jalonné par de nombreuses péripéties, pittoresques pour certaines, plutôt cocasses pour d'autres.

Toujours est-il que, dans ce milieu, j'avais compris qu'il ne fallait pas s'encombrer de considérations philosophiques, sentimentales. Ne pas se laisser dérouter par des faiblesses affectives, garder en ligne de mire l'objectif principal.

Cette attitude ne peut, c'est évident, qu'endurcir notre cœur, même si elle permet de gagner en efficacité dans les diverses négociations.

J'ai pu noter également dans ces expériences que nous pouvons amener des décideurs à épouser notre cause, si nous sommes enthousiastes, déterminés et sûrs de nous dans notre argumentaire.

Notre banquier qui nous avait vu progresser, suivait ces jeunes décidés. Pourtant, notre répondant n'était pas en rapport avec nos ambitions, ni avec les projets que nous formions !

Toutefois, il devait rester quelque chose des semences d'autrefois car, en règle générale, nous respections nos engagements et notre parole donnée.

RUPTURE DOULOUREUSE

Il y eut cependant un incident qui déclencha toute une série de problèmes.
Là encore, avec le recul, on peut penser qu'ils furent le départ pour une bénédiction future.

Mon beau-frère, qui était notre associé pour la moitié des parts, se fiança puis décida de se marier, ce qui provoqua des dissensions entre nous, mettant également en péril notre entreprise.

Je passerai sur ces diverses péripéties car ce furent des moments particulièrement pénibles. D'autant que rapidement, son souhait, fut de quitter cette affaire nous laissant nous débrouiller tout seuls.

Au fond, cette période de souffrance, qui nous conduisit, mon épouse et moi au découragement, paradoxalement nous amena aussi à prendre conscience de la futilité de nos ambitions. Je n'avais plus envie de continuer à me battre dans cette jungle.
Mon beau-frère nous quitta et il nous fallut, mon épouse et moi, essayer de remettre de l'ordre dans les comptes, ce qui ne fut pas une mince affaire car tout était basé sur les crédits, banquiers et fournisseurs. Donc, pendant un an, formant le projet de cesser toute activité, en faisant reprendre l'actif par une autre société, c'est par un travail acharné, très pénible physiquement et moralement, que nous avons remis un peu d'ordre.

Vous imaginez quelle fut notre colère contre mon beau-frère qui nous avait volontairement ou involontairement laissés dans cette situation inconfortable ! Je lui en voulais d'avoir décidé aussi rapidement de nous quitter, pensant que, l'ayant accueilli dans sa jeunesse, et le considérant plus comme un frère qu'un beau-frère, nous ne méritions pas cela. Mais la vie ! C'est cela. Nous ne sommes pas maîtres des circonstances ni des décisions des autres, et heureusement !

Je dois reconnaître que cette navigation à vue, avait son piquant, à cause des situations imprévues, des solutions à trouver dans l'instantané. Mais dans le fleuve de la vie elle nous avait conduits d'une certaine manière, au naufrage ! Il avait suffi de ce grain de sable dans les rouages pour tout remettre en question. Il fallait maintenant tout recommencer, sans compter, en plus du poids de tous les problèmes nouveaux à résoudre, tout le poids de la déception, de l'amertume. Je vous assure que c'est non seulement très encombrant mais encore épuisant !

Je l'ai dit par ailleurs, malgré le refoulement de tout sentiment ou d'une quelconque culpabilité, bizarrement, nous avions gardé, mon épouse et moi même, le respect de notre parole, de nos engagements. Dans ce cas, ils furent mis à dure épreuve car il fallait, sur l'année que nous nous étions donnée comme limite, rembourser une bonne partie de nos découverts. Nous estimions normal de respecter nos fournisseurs qui nous avaient aidés, ainsi que le banquier qui, lui nous avait suivis dans nos projets un peu fous.

Cela pour ne pas oublier la situation difficile que nous traversions, et aussi pour dire que notre état psychique et psychologique n'était pas brillant. Maintenant, nous regardons à ces moments avec un certain humour, mais ce ne fut pas le cas lors de cette traversée du désert.

Toute une année de labeur particulièrement éreintante. Sans parler des ennuis d'employés, de matériel, de banque. Je ne peux pas penser à ces moments sans croire que Dieu nous a aidés dans cette affaire-là, même si nous n'avons reconnu son intervention que bien plus tard.

Toujours est-il que, sans donner trop de précisions, sans entrer dans les détails, nous nous sommes acharnés, mon épouse et moi pour arrêter notre affaire le plus sainement possible.

Nous avons vendu tout ce qu'il était possible de négocier, afin de rembourser nos créanciers.

Cette année se termina à peu près correctement, dans le sens où effectivement nous sommes parvenus à régler au mieux tout ce qui devait l'être.
Pendant cette période nous étions loin de penser à quoi que ce soit de spirituel !
Qu'elles étaient loin ces années de ma jeunesse, ces rencontres avec le curé de mon village, bien loin aussi ces missionnaires qui m'avaient tant impressionné. Ainsi que ces aumôniers de lycée dont le souvenir redevient présent à cet instant, et ces copains du football !!!

Je n'étais pas encore suffisamment touché pour me résoudre à abandonner toute résistance. Car l'être humain est ainsi fait, et je cherchais des portes de sorties honorables; l'essentiel au fond étant de préserver, de garder cette fierté, de l'homme qui a perdu une bataille mais qui n'a pas perdu la guerre.

CHANGEMENT DE PROFESSION

J'avais pu me reclasser grâce à mes anciens fournisseurs, mais je dois reconnaître que nous étions affaiblis dans notre moral et blessés dans notre amour-propre.

Regardant en arrière, visualisant le chemin parcouru, le travail accompli, les efforts énormes consentis pour en arriver là: nous voyions un véritable gâchis !

Il est bon, parfois, de se souvenir du chemin de la vie, du chemin parcouru. Autant pour ne pas tomber dans l'ingratitude, que pour ne pas non plus refaire les mêmes erreurs, là encore aussi pour nous examiner nous-mêmes.

Je n'étais pas en condition de pouvoir à nouveau écouter les conseils de qui que ce soit. Nous avions tout perdu et, si l'on doit faire une estimation humaine, nous nous étions fâchés avec notre associé, mon beau-frère et il ne nous restait plus rien en biens matériels.

Mais je comptais que la déception passée, après nous être refaits une santé, physique et morale, le sort tournerait bien en notre faveur.

Je repris mon ancien métier de commercial, et, finalement, la vie reprit le dessus. La force de la jeunesse eut raison de mes états d'âme, car je n'oubliais tout de même pas les raisons qui nous avaient conduits dans cette impasse peu glorieuse et plutôt humiliante !

Mon épouse fut sûrement plus éprouvée que moi dans ce que nous avions vécu. Non seulement elle fut attristée à cause de la situation dans laquelle tout cela nous avait conduits, mais encore il s'agissait de son frère, alors, comment ne pas être tiraillée dans un tel contexte !

D'autre part, mon travail m'amenant à beaucoup voyager, je n'avais pas trop le temps de m'apitoyer sur mon sort; je pense que cela aussi faisait partie de ma façon d'oublier ce passé récent qui collait à ma peau, qui me gênait.

Je tentais d'occulter tout cela par une nouvelle activité, proche de l'activisme.
Je réussissais assez bien, mais les séminaires, les réunions, les déplacements engageaient à faire la fête.

Les relations aussi qui naissent de ces milieux, enfin, tout concourait à m'entraîner sur une voie dangereuse pour ma famille et mon couple. Je restais toujours insensible à toute approche spirituelle; là encore, je sentais bien que je pouvais m'en sortir sans faire appel à quelque aide que ce soit !

Les choses auxquelles je m'étais attaché, je veux dire matérielles, aussi factices soient-elles, dans ce nouveau travail, me tenaient bien embrigadé.
Je venais de perdre une bonne partie de mon ambition dans la déroute précédente, mais comme un joueur de poker qui compte toujours se refaire, je me voyais déjà... non pas en haut de l'affiche, mais assez capable de tirer mon parti de cette nouvelle orientation.

Toutefois, dans cette recherche avide, inconsidérée, je ne tenais plus compte de mon entourage ou si peu.
J'étais fort préoccupé à solder toute antériorité, sans trop de casse et je crois aussi que je n'étais pas le seul dans ce souci.
Mon épouse commençait à donner des signes de fatigue, pour ne pas dire de ras-le-bol.
C'est donc aussi dans cet état d'âme, que nous abordions "l'après affaires", et, même si personnellement je me faisais suffisamment confiance pour m'en sortir, il y avait encore des problèmes non réglés, qui attendaient des solutions !

Mon épouse, consciente de tout cela, commença à rechercher à droite et à gauche, (je veux dire par là sans direction précise), si elle pouvait trouver dans l'église un appui spirituel.

Dans les problèmes à régler, ou plutôt dans les solutions à trouver, il y avait notre local dont nous étions les bailleurs, et dont les échéances locatives continuaient à courir.

C'était une somme assez importante, surtout pour des personnes qui n'ont plus de gros moyens, à part un salaire. Au bout de quelques mois, évidemment rien ne s'étant particulièrement arrangé dans ce domaine, malgré nos efforts pour une vente bradée du pas de porte, l'inquiétude gagnait du terrain.

Avec notre fils, mon épouse allait bien le dimanche, faire le tour des églises, espérant qu'une réponse pourrait lui être accordée en fonction de son mérite, de ses efforts.
Elle s'attendait à une solution spirituelle, mais elle ne reçut aucune réponse, ni du ciel, ni sur la terre, pourtant elle pensait qu'il y aurait bien quelqu'un pour comprendre son désespoir !

Ce fut encore un temps de désert, à la limite de la dépression, quant à ma femme, mais rien ne se passait, sauf le temps, et cela ne jouait pas en notre faveur. Heureusement, si je puis exprimer quelques joies à ce sujet, mon travail marchait assez bien.

En tout cas, il m'occupait considérablement, ce qui m'empêchait de trop penser, de me faire du souci. Cela aurait pu être une légitime inquiétude, car nous ne pouvions plus rester trop longtemps sans régler définitivement cette situation.
D'annonces en annonces, le découragement nous gagnait parce que les acheteurs ne se pressaient pas.

Il y avait toujours quelque chose qui coinçait. Je prenais conscience d'une vie très largement gâchée par rapport à mon idéal antérieur. Il fallait bien se rendre à l'évidence; je n'avais pas réussi dans les affaires, mon ambition n'était pas assouvie et je devais revoir à la baisse mes prétentions.

RENCONTRE PARTICULIERE

Cependant, mon épouse me signala un soir, qu'elle avait eu quelqu'un au téléphone intéressé par cette vente et désirant un rendez-vous.
Cela n'avait rien de bien surprenant, sauf que ces gens, qui souhaitaient visiter le local, voulaient y faire une église !

Ce fut pour nous un sujet d'interrogation, mais le jour de ce rendez-vous arriva ; il s'agissait de deux personnes, un pasteur et un monsieur qui se présenta comme étant un des chrétiens responsables de l'église.

Les principales discussions tournèrent autour des choses spirituelles, et je me souviens, cela me fait d'ailleurs sourire maintenant, oui, je me souviens que mes principales questions étaient axées sur les cérémonies ; ce qui m'intriguait était de savoir comment ils pratiquaient les cultes, les baptêmes, les mariages, les obsèques, etc....

D'une certaine manière, je pense que l'essentiel pour moi restait la simplicité avec laquelle les religieux, ceux qui se disaient religieux, accomplissaient leur devoir.
Tout ce qui entourait la religion, en particulier le faste, le déploiement de signes extérieurs, quels qu'ils soient, me gênaient. Je ne reconnaissais pas en cela la simplicité de ce Jésus dont j'avais entendu parler dans ma jeunesse.
Je pris donc note de cette simplicité cérémonielle, sans pour cela adhérer à leur pratique.

Cette visite et ces premières discussions déclenchèrent chez nous une nouvelle prise de conscience. Cette première rencontre nous donna, à mon épouse et moi-même, de nous resituer dans le contexte chrétien.
Les explications concernant la façon dont ces personnes vivaient la spiritualité, nous interrogèrent.

Après leur visite, mon épouse me demanda ce que j'en pensais ; je me surpris moi-même à répondre que s'ils vivaient ce qu'ils avaient dit, alors, sûrement, la vérité était bien là.

C'était choquant ! Quel contraste entre ces échanges dont la Bible était le centre et ma vie décousue, dénuée de toutes relations spirituelles !

Je pourrais aller jusqu'à dire sans foi ni loi ; moi qui autrefois étais si proche de Dieu, en recherche d'une spiritualité sincère. Dans ces moments, certaines périodes de ma vie, (comme mes rencontres avec ces aumôniers de lycée, ces curés de campagne, ces prêtres ouvriers), me revenaient à l'esprit.
Franchement, je me demandais comment j'avais pu autant dériver, dévier de cette voie spirituelle dont tout être a besoin.

Dieu ne dit-il pas qu'il a mis dans le cœur de l'homme la pensée de l'éternité ?
Mais cette occasion de m'examiner honnêtement ne produisit cependant qu'un effet éphémère puisque je repris rapidement le chemin de la vie du monde.
Que peut-on dire sur cette vie du monde qui vous occupe, vous prend tout votre temps, vous absorbe au point de vous faire oublier l'essentiel ?

Trop occupés, accaparés par les affaires de la vie, les soucis du quotidien, nous passons à coté de certaines merveilles de la vie!
J'étais devenu incapable d'apprécier, d'admirer ce qui fait la beauté de la vie, incapable de me reconnaître comme une créature de Dieu.
Comme si nous étions immortels ! Qui sommes-nous pour croire que l'avenir est entre nos mains ?
C'est ce que Dieu nous rappelle lorsqu'il dit qu'il a convaincu de folie la sagesse des hommes, et que le monde, avec sa sagesse, n'a pas connu Dieu !

Cette rencontre déclencha un fort désir dans le cœur de mon épouse d'en savoir plus. Aussi, elle ne se contenta pas avec cette discussion d'en rester là. Elle désira poursuivre la relation établie ce jour-là. De véritables questions existentielles se posèrent à nous, en même temps.

L'interpellation de la bible nous fit réfléchir dans de nombreux domaines. Néanmoins, ma vie reprit le dessus, alors que mon épouse continua sa réflexion, qui la conduisit d'ailleurs à aller écouter l'Evangile prêché.
Cela aussi pour dire qu'un échange, un partage, une discussion autour de la bible, de la Parole de Dieu, ne peut laisser personne indifférent.

Dans un autre contexte, j'ai d'ailleurs écrit que les gens critiquent Dieu parce qu'il ne parle pas. Mais en réalité, ce qu'il dit n'est pas souvent écouté puisqu'il parle à l'humanité au travers de la bible qui se révèle être la Parole de Dieu.
Si nous voulons connaître ce qu'il dit, ce qu'il nous dit, il faut lire la bible et là, nous découvrirons alors ce qui nous est adressé.

Je ne peux pas parler ici de problèmes particuliers au sujet de notre couple, de notre vie. Même si de gros problèmes existaient, nous pensions simplement que c'était l'apanage de nombreux couples.

Par conséquent, je n'en étais pas plus ému que cela.
Mon épouse ne vivait pas l'instant présent de la même manière que moi : les souffrances du passé, les souffrances intérieures, les grands conflits de son enfance, plutôt malheureuse, sans affection, l'encourageaient à poursuivre cette recherche d'une autre vie.

D'autant que les contacts que nous venions d'avoir témoignaient qu'il était possible de vivre heureux dans la paix, la joie et l'amour.

Bien des choses se bousculaient dans ma tête à ce moment-là ; je pensais vraiment qu'il était possible de vivre autrement ; il y avait en moi ce désir profond de changer de vie et paradoxalement, un attachement à ce qui pourtant dans cet instant me paraissait tout à fait futile…

Non, je n'allais pas me décider dans l'instant à suivre cette voix intérieure qui m'engageait à prendre de nouvelles décisions. Non, c'était trop rapide, dénué de réflexion, il fallait laisser passer un peu de temps. S'il est vrai que nous gagnons souvent à réfléchir, que là est la sagesse, il y a des occasions dans la vie, des opportunités, qui demandent des prises de position fermes et immédiates.

Il faut dire tout de même que cette rencontre fut le départ d'un bouleversement complet de nos vies... Je fus dés lors, un observateur assez attentionné, de la façon de vivre de ces gens-là, je pourrais ajouter de la façon bizarre de vivre de ces gens-là.

Au fond, cela me rappelait l'idéal de ma jeunesse. C'est-à-dire, la pureté, la moralité, l'honnêteté, la loyauté, enfin, les valeurs qui font l'idéal des jeunes, et qui sont bien vite détériorées par les vicissitudes de la vie.

Oui, l'observation et le témoignage rendu par ces personnes me ramenaient à mes premiers amours. Un garçon attaché au bien et sensible, qui recherchait désespérément autour de lui des êtres ayant soif du même idéal.
Ces quelques réflexions pour me situer dans l'ambiance du moment ; malheureusement, cela passa très vite.

Mon épouse continua sa recherche ; je dirais que sa soif d'autre chose, d'une vie mieux remplie, l'aida à ne pas l'abandonner aux premiers assauts de ce que je nomme la réalité de tous les jours.

Il faut dire que la souffrance due à son passé était immense, son besoin affectif que le mariage n'avait pu compenser restait sans réponse.
Lors de notre union, elle avait pensé que je pourrais combler ce vide, mais il n'en fut rie, je ne le pouvais pas, je n'en étais pas capable

Après le désastre suite au décès de sa maman, la colère, la haine remplirent tout son être. Voici ce qu'elle raconte :

« *J'en voulais alors au monde entier de m'avoir pris ma maman à l'âge de dix ans et je n'avais trouvé à ce moment là, aucun secours pour me venir en aide.*

Mon frère et moi n'avions pas été éduqués dans la religion, je ne trouvais donc aucun secours en quoi que ce soit, personne avec qui épancher mon cœur, personne, aucune épaule sur laquelle je pouvais m'appuyer pour faire part de mon désespoir.

Nous avions perdu notre maman, retrouvions un papa qui ne ressemblait plus du tout à celui que nous avions connu et par dessus tout cela, nous étions placés chez des tuteurs, qui ne pouvaient rien faire pour soulager notre souffrance.
Le monde entier était contre nous, nos cœurs explosaient de chagrin, de douleur !

Lorsque avec le recul, je repense à ces moments de désespérance, de souffrance, je bénis Dieu de m'avoir un jour interpellé pour me sortir de là.
Nous savons bien avec mon époux, par expérience, dans nos relations pastorales que les effets pervers de ces chagrins, de ces peines ne s'estompent jamais.
Il est impossible de se défaire par soi-même, de ces blessures intérieures.
Seul, l'amour incompréhensible de Dieu peut apporter la délivrance dans ces cœurs meurtris !

Je ne peux apporter qu'une réflexion rétrospective sur ces évènements, sans doute cela m'a conduite par la suite à une rencontre exceptionnelle avec mon sauveur.
Jamais personne pendant ces années de douleurs, ne pouvait imaginer qu'étaient emmagasinées, au dedans de moi ces peines, non soupçonnables de l'extérieur.
A partir de ce moment là, vinrent s'ajouter à ma tristesse permanente, la vie dissolue de notre père.

Nous venions de subir un choc effroyable, avec la perte de notre maman, nous attendions une compensation affective de notre papa.
Maintenant, je comprends qu'il ne lui était pas possible de nous apporter tout ce que nous attendions de lui.

Mais il me semblait que j'étais en droit d'attendre en contre partie un effort paternel de sa part.

Ce ne fut pas le cas, bien au contraire.
J'avais dix ans, personne ne pouvait comprendre ma douleur. Personne dorénavant ne m'aiderait à extirper ces blessures profondes intérieures. Il me semblait que ma vie d'adolescente, ma vie de jeune fille et de femme étaient, à jamais soumises à cet événement. Je m'enfermais donc dans ma souffrance, et hypothéquait ainsi mon avenir."

Donc, pour en revenir à notre rencontre avec ces personnes, le combat commença pour moi. avec le recul, je peux appeler maintenant ce combat : la lutte entre la chair et l'esprit.
Je suis convaincu que nombreux sont ceux qui connaissent ce genre de lutte, et, contrairement à ce qui est souvent dit, le fait de céder à la chair est plutôt une faiblesse que le contraire !

En effet, qu'y a t il d'héroïque à céder au péché, à faire ce qui est finalement relativement agréable, ce qui ne nous demande aucun effort ?
J'ai par la suite souvent discuté à ce sujet et pris parti pour ceux qui avaient décidé de lutter contre cette facilité.

En mettant en avant leur foi, en faisant opposition par leur foi, ils ne cèdent pas aux chants des sirènes.

J'aime à dire maintenant, à ceux qui ont choisi ce chemin large et spacieux, une facture sera présentée, une note sera donnée.
Il n'y a pas de fumée sans feu, il n'y a pas non plus de récolte qui ne corresponde pas à la semence !

Faites un essai de planter des carottes : je suis convaincu qu'au temps de la récolte, vous ne vous attendrez pas à voir des choux pousser !

Non, vous savez bien que vous récolterez ce que vous avez semé !
Au fur et à mesure que mon épouse écoutait l'Evangile, côtoyait ceux qui maintenant sont devenus des amis, elle changeait.

Il était surprenant que celle qui, à la base, n'avait pas véritablement de prédisposition spirituelle, avançait à grands pas dans un chemin étroit paraissant réservé à une catégorie d'humains très particuliers.

Je sais maintenant, et je peux ici remercier Dieu solennellement pour cela, notre rencontre spirituelle ne dépend pas de notre position.
Elle ne dépend pas non plus de notre éducation, ni de notre culture, ou intelligence, ou religion.

Ni même de notre rang social ou quoi que ce soit d'autre. Oui, merci Seigneur que notre rencontre ne dépende de rien de tout cela !
Il s'agit simplement de notre faim, de notre soif de Dieu.

Je me suis rendu compte par la suite que des événements parfois défavorables dans notre vie pouvaient être des éléments déclencheurs de notre recherche.

Les épreuves, les souffrances, nous aideraient-elles dans notre introspection, dans cet examen de nous-mêmes ? Cette analyse de notre conscience, nous permettant non seulement de faire un bilan, mais encore en nous regardant enfin en face, d'apporter un diagnostic sincère sur notre moi, Je le crois.
Il ne serait donc pas inutile de passer parfois par des périodes de vie difficiles, si celles-ci nous conduisaient à une réflexion spirituelle.

C'est dans ce genre de circonstances qu'une réflexion de sagesse vient. On peut alors remercier Dieu pour ce qui nous arrive si cela nous conduit à le trouver.

Bien entendu, ne tombons pas dans l'extrême qui consisterait à dire : " vive l'épreuve puisqu'elle nous permet une rencontre spirituelle !"
Nous n'avons pas tous besoin de passer par ce chemin pour que nos vies soient bouleversées.

Je connais un certain nombre de personnes qui ont eu un cheminement tout à fait différent et qui pourtant ont vécu "in finé", les mêmes expériences que moi. Je dirais d'ailleurs que ces personnes m'ont souvent interpellé par leur manière d'avoir fait cette approche.

En effet, n'ayant besoin de rien, matériellement s'entend, extérieurement paraissant heureuses, elles ressentent pourtant un vide immense.

Leur manque reste absolument secret et intériorisé, impossible à déceler à vue humaine. Il se révèle terriblement obsédant pour celles qui le vivent.
C'est bien des années après, dans l'exercice du pastorat, que je pus découvrir tout cela. Je me sens obligé de rappeler ici que Dieu a bien mis dans le cœur de l'homme la pensée de l'éternité. Comme l'a dit récemment un écrivain :
" J'ai fini par douter de l'inexistence de Dieu "

En tout cas, pour ma part, cet événement m'avait mis en contact avec des gens pratiquant ce que je considérais non pas comme une religion, mais une vie chrétienne faite d'exemples et de témoignages.
Cela m'interpellait suffisamment pour que je comprenne rapidement que ma façon de vivre actuelle allait être remise en cause.

Et c'était bien là tout le problème car je n'avais pas un véritable désir de changer de vie.

J'étais accroché aux plaisirs que procure la superficialité, enivré par ce monde chatoyant de l'apparence.
Je savais cependant où était la vérité parce que « quelque chose ou quelqu'un m'avait indiqué la bonne direction».

J'avais décidé moi-même de repousser cette proposition de renouer avec mon passé d'enfance, de ne pas m'accrocher à nouveau à cet appel pressant à revenir vers Dieu pour y trouver mon compte spirituel !

Ma sensibilité me montrait bien quelle direction je devais prendre. Mon aspiration profonde était bien d'en finir avec cette vie dénuée de sens, et je savais que cela était possible. Il fallait pour cela que je prenne la décision de me laisser entraîner dans cette voie ou quelqu'un me prendrait alors la main, me conduisant, jour après jour.
Oui, c'était relativement facile de prendre une résolution qui m'aiderait à résoudre tous les problèmes liés à une vie décousue.

Seulement voilà, ce qui paraît simple par rapport aux enjeux ne l'est pas pour autant dans nos têtes.
Je sais que des combats de cette nature sont acharnés, je sais que, dans ces moments on a besoin de secours. Il faut en même temps prendre en considération qu'il s'agit là d'un enjeu sans égal puisqu'il est question d'éternité.

Finalement, je pourrais considérer que sans aide substantielle le combat est inégal ; au fond, je pourrais me justifier un peu de l'avoir perdu.
J'avais décidé de réfléchir, de me donner du temps, prendre un peu de recul, mais les choses du monde reprennent vite leur droit.

Les affaires, les relations, non, on ne peut pas abandonner toutes ces choses-là en un instant, sur ce qui pourrait paraître comme un coup de tête.

Nous savons tous qu'il est très difficile de nous décider pour des choses importantes. En même temps, nous nous décidons très facilement pour tout ce qui concerne notre bien-être, nos loisirs, nos fêtes, nos amusements etc.…
Mon choix fut donc de continuer mon chemin, laissant là toute réflexion philosophique. Réflexion qui aurait pu m'entraîner vers un changement radical de vie, ce que je redoutais.
Je savais que c'était nécessaire, tant pour moi-même que pour mes enfants et mon épouse.

Comment peut-on ainsi, apprécier une situation dans sa réalité, en reconnaître les points faibles, et ne pas avoir le courage de prendre le contre-pied, alors qu'une solution nous est proposée ?
En tout cas, je repris place dans cette voie large, spacieuse, qui est l'apanage de bien des gens à qui elle permet de se sentir plus à l'aise,

(Puisqu'on est nombreux à y marcher), comme si le grand nombre déterminait la vérité. Comme si cela donnait une approbation, un laissez-passer, un quitus, sans poser la question essentielle du but !
Je parle de cela comme d'un combat qui, je le crois, n'est pas réservé à mon cas personnel.

Cette pensée de l'existence de Dieu est assez courante dans l'esprit des gens pour qu'aussitôt une lutte s'installe, la conscience de chacun l'incitant à raisonner autour de cette question spirituelle.
Oui, les plaisirs de la vie existent, on ne peut pas les nier, mais certains peuvent nous conduire à des points de non retour.

Cela d'ailleurs m'interrogea par la suite, je le raconterai plus loin. Donc me voici dans cette situation, de nouveau en contact avec ce que je considérais spirituel.
Et pourquoi ne pas dire, que Dieu peut se manifester ainsi par une présence discrète mais solennelle !
"Dieu a tant aimé le monde"…

Je crois en effet qu'il nous tend sa sûre main en permanence, et pour peu que nous le cherchions, alors nous le rencontrons…
Oui, il était là je peux le dire maintenant je peux même ajouter : je refusais son aide car je savais qu'il avait le pouvoir de bouleverser ma vie, de la transformer, de la reprendre en main en faire autre chose et la détourner du mal !

Je n'avais pas pris la décision de me laisser toucher par lui. Je sentais bien que tout pouvait changer du jour au lendemain. Dorénavant, je devrais vivre avec cette pensée que Dieu existait.

Il m'aimait, il voulait m'aider, me sauver de cette génération perverse. Je ressentais qu'il lisait au plus profond de mon cœur.
Je faisais de la résistance parce qu'il était difficile d'abandonner cette vie de péché. Cependant, je savais déjà que c'était ce qu'il me demanderait de faire dés mon accord pour son intervention dans ma vie.

Voyez-vous, je sais que l'on peut ainsi mettre en balance, dans ce combat pour une bonne décision, l'attirance des choses de la chair et l'attrait pour les choses de l'esprit.

Pourtant, quelle différence y a t-il entre cette courte vie terrestre et la vie éternelle ? Quand, par le témoignage de ces personnes rencontrées lors de notre affaire de local, je fus donc à nouveau mis en contact avec la bible, avec Dieu, je voudrais ici dire que, plus jamais, rien n'alla comme avant.

Ce qui pour moi, montre bien que Dieu se rappelant au cœur de l'homme, ne se lasse pas de lui manifester sa présence, pour qu'il ne reste pas dans cette indifférence, isolé, seul et abandonné. Au travers de ces expériences, pendant cette période, je dois reconnaître que Dieu nous aime d'une manière impossible aux hommes !
Mon épouse, comme je l'ai signalé auparavant, chercha à assouvir sa soif de Dieu. Elle écoutait l'Evangile, lisait la Bible, et je me devais de constater son profond changement.

Elle dit elle même qu'elle s'était enfermée dans sa douleur, au plus profond de son être ! Et il n'y avait personne dans son entourage qui prît en compte cet enfermement. Bien plus tard, rendant témoignage de ce qui lui est arrivé, elle raconte qu'elle était en prison. Les évènements douloureux subis, la non prise en compte de son immense peine, de son affliction, l'avaient rendue captive, prisonnière.
Emprisonnée dans son chagrin, elle le gardait pour elle, puisqu'il lui semblait que personne ne pouvait l'aider en partageant !
Mon épouse avait finalement décidé de refermer les portes de cette prison, de se cloîtrer dans sa souffrance.

A partir du moment où elle écouta l'Evangile, elle commença à sortir de sa prison, de sa captivité, et elle fut libérée de cet enfermement par la grâce de Dieu!
Elle était en cours d'expérimentation d'une rencontre et relation avec Jésus.
Par la suite elle sut combien notre Dieu tout puissant qui a tant aimé le monde au point de donner son fils Jésus, était capable de manifester un amour divin, surnaturel, capable de nous faire espérer contre toute espérance !

A ce moment là, le baume de l'amour divin était en train de soigner mon épouse, il commençait une œuvre de guérison. C'était le début de la fin d'une vie d'affliction, de chagrins, de malheurs impitoyables.

Elle était devenue plutôt pieuse, recherchant avec sincérité l'action de Dieu dans sa vie, et en même temps dans notre couple, ce qui n'arrangeait rien pour moi.
Tout ce temps passé loin de Dieu, toutes ces éclaboussures, m'avaient bien sûr endurci.

Je n'étais pas prêt à revenir dans cette bonne disposition de cœur qui accepte l'intervention de Dieu.
La période qui suivit ne fut pas des plus faciles ni pour moi, ni pour mon épouse et évidemment pas pour notre couple.

Comme je l'ai déjà signalé, la nouvelle façon de vivre de mon épouse, ses nouvelles relations qui tournaient autour de nous étaient parfois gênantes.
Je m'adaptais à la situation, étant très peu à la maison ce qui me permettait de me dissocier de ces nouvelles donnes spirituelles.

Je dois tout de même reconnaître que ma vie depuis cette rencontre avec des témoins vivant l'Evangile de Jésus-Christ ne fut plus jamais la même.
Le travail, les relations personnelles, les soirées d'hôtel, rien ne fut plus aussi détendu et enthousiaste qu'auparavant.

Je me sentais épié d'une certaine manière, alors qu'évidemment ce n'était pas le cas, mais le fait de devoir m'examiner moi-même m'obligeait à me voir tel que j'étais.

Ainsi, cela avait une influence sur ma vie quotidienne, je me sentais bien moins à l'aise dans mes compromis, mes écarts de conduite.

Nous devons admettre qu'il existe souvent une lutte intérieure par rapport à nos pratiques litigieuses, celles en tout cas que nous savons n'être pas vraiment nettes et qui créent un trouble en nous.

PREMIERE INTERPELLATION

J'aime dire maintenant que partout où il est question de Dieu, partout où sa Parole est entendue, partagée, côtoyée, partout où des témoignages sont donnés, alors il se passe toujours quelque chose de particulier.

Beaucoup diront que c'est l'effet du hasard, qu'il s'agit là de coïncidences, mais je sais d'une façon certaine que Dieu, si on le laisse un tant soit peu pénétrer une vie, viendra la changer pour qu'elle produise dorénavant de bonnes œuvres.

Donc, notre vie continua, peut-on dire, avec ses hauts et ses bas.

Je me dois de raconter ici qu'une année après cette rencontre, ma position était devenue intenable à cause de mes frasques sentimentales.

J'étais sur le point de quitter mon épouse, ou en tout cas envisageant de prendre cette décision. Je dois dire qu'il y avait toujours cette lutte, cette souffrance : avais-je le droit de laisser ma femme avec deux enfants que j'aimais, cela pour égoïstement vivre selon mon bon plaisir ?

Je me posais réellement ce genre de question, lorsqu'un soir, mon épouse me questionna à propos de notre vie de couple.

Jusqu'ici elle ne s'était pas interrogée au sujet de notre vie sentimentale. Ce soir-là, nous eûmes un entretien pendant lequel elle me demanda si je n'avais pas l'intention de quitter le foyer.

Quelle ne fut pas ma surprise, étant donné que, jusqu'à ce jour, aucun soupçon, ni même aucune suspicion n'avaient paru l'affecter !

Elle me raconta que cette idée lui était venue, à cause du Saint-Esprit qui lui avait parlé ! ! !

A mon grand étonnement, ma réponse fut affirmative, alors que mon métier et mon expérience dans le domaine du mensonge m'auraient permis de balayer, réfuter ses allégations.

C'est dans ce sens que je dis que je me surpris moi-même à répondre affirmativement !

Je ne pus contrôler cela, comme si quelque chose ou quelqu'un m'avait dicté ce que je devais dire.

Mon épouse elle-même, bien plus tard, lors d'un entretien, se demanda comment lui était venue cette question?

En effet, elle était loin de se douter que la situation en était à ce point là.

Oui, celui que l'on nomme maintenant le Saint-Esprit l'avait poussée à parler de cette manière-là.

Toujours est-il que je fus interpellé très sérieusement, mais en même temps, je me dois d'ajouter que ces moments furent salutaires pour nous.

En effet, nous avions pris conscience de l'état dans lequel était notre couple.

L'intervention de Dieu réclamée par mon épouse se révéla être d'une importance capitale.

Cette situation dans laquelle, d'une certaine façon, je me complaisais, devint tout à coup difficile à gérer.

Pouvais-je encore continuer dans cette voie large, spacieuse, où les plaisirs égoïstes prenaient le pas sur une vie de couple équilibrée ?

Bien entendu l'enjeu était notre foyer avec nos enfants, alors l'attrait des choses du monde allait-il l'emporter ?

Chacun lutta avec ses moyens, pour mon épouse ce fut spirituel, pour moi, une bataille de conscience s'engagea.

Personne n'aurait pu comprendre, même si j'avais pu la partager, la situation dans laquelle je me trouvais. Je ressentais bien que je devais maintenant régler mes problèmes, sinon ceux-ci pourraient me dérégler !

Petit à petit, Dieu me concerna dans tous les domaines, dans tous les détails.
Parfois, j'aurais voulu ne pas ressentir ces choses-là, car de plus en plus touché par tout ce qui se passait dans notre vie, je me rendais bien compte que quelque chose bougeait.

Quelqu'un était là, tout près avec un regard d'amour qui me gênait parfois.
En même temps, tout cela me paraissait irréaliste, un peu utopique : croire que notre situation pouvait changer simplement en faisant confiance à quelqu'un que l'on ne voyait pas.

Quelqu'un auquel, d'après ces nouveaux amis, nous pouvions nous adresser, étant certains qu'il nous répondrait.
C'était la première fois que l'on me parlait d'une approche personnelle, et non religieuse, dans laquelle il était question de relation intime.

Je pouvais m'adresser, dans le secret, à ce Dieu tout puissant, il m'entendrait, m'écouterait, et il me viendrait sûrement en aide si je faisais appel à lui !
Maintenant, il n'était plus question de religion, de tradition ; à moi aussi, on m'avait enseigné bien des choses issues de la tradition des hommes, mais je bénis le Seigneur de ce qu'il m'a montré clairement, que ce n'étaient pas ces traditions qui me sauveraient.

Ce ne sont pas des coutumes, des "us", transmis de génération en génération, qui allaient m'apporter l'assurance d'être sauvé pour la vie éternelle, ni la paix dont j'avais tant besoin!

Je bénis le Seigneur de ce que ma réflexion, la prise de conscience de mon péché et le miroir de la parole de Dieu, m'ont amené à rencontrer Jésus-Christ

Mais à ce moment là, j'étais encore branché sur un monde implacable, où toute spiritualité pouvait être considérée comme une faiblesse.
 Un monde où l'on estimait que la foi était l'arme des faibles, et toute pratique religieuse prêtait à la moquerie !
Cette dualité est vraiment inconfortable.
Plus tard je pus lire dans la Bible, que ces positions non tranchées, appartiennent à ceux qui sont irrésolus et inconstants, et que Dieu n'accorde pas sa bénédiction à ceux qui consentent à être ni bouillants, ni froids.

J'acceptai la proximité des nouveaux amis de ma femme; je savais qu'elle priait activement pour notre couple qu'elle ne souhaitait pas le voir détruire.
Je savais aussi qu'elle était aidée en cette lutte spirituelle par les personnes de l'église qui l'entouraient.
Entre temps, nous avions réalisé la vente du pas de porte au profit de ces chrétiens, et déjà, dans la transaction, je fus étonné de ce qu'ils n'acceptèrent aucune opération frauduleuse.

Tout cela vous interpelle lorsque vous avez l'habitude de pratiquer couramment dans les affaires de petites malversations.
Donc, j'étais en train de penser qu'ils avaient l'air de vivre ce qu'ils disaient, ce qu'ils prêchaient, sentant bien que leur vie était en harmonie avec leur témoignage.

Je crois qu'il y a là, matière à réflexion pour bon nombre de chrétiens, trop habitués à la superficialité, voire même à l'hypocrisie.
Bien sûr ces gens n'étaient pas parfaits, et ne le sont pas devenus ni moi-même d'ailleurs.

Mais, acceptant le perfectionnement quotidien de Dieu dans notre vie, nous cherchons à nous améliorer jour après jour.

Je ressentis en tous cas cette honnêteté dans nos rencontres intermittentes que j'évitais le plus souvent possible, mais je me sentais entouré, presque cerné.

Petit à petit, la sensibilité spirituelle de ma jeunesse revenait, Dieu était en train de faire une œuvre en moi.

Je ne peux pas dire que j'attendais cela avec impatience, non, je vivais dans une situation conflictuelle.

Je n'avais pas un profond désir de m'en sortir, et je ne voyais pas non plus de solution non douloureuse.

Ce qui compliquait encore les choses car, qui apprécie la souffrance, qu'elle soit physique, psychologique ou morale ?

Je n'avais pas envie de souffrir en faisant des choix draconiens; aussi, tout en étant touché par ces appels successifs, ces interpellations indirectes, je me demandais quelle serait la fin de tout cela.

Quelle porte de sortie s'entrouvrirait et par laquelle je pourrais passer sans trop de mal !

Je savais que les solutions de facilité ne conduisent pas souvent à des changements durables.

Je l'ai dit en introduction, je crois qu'il faut avoir connu ce qui est dur et difficile pour apprécier ce qui est bon et agréable.

VIE TRANSFORMEE

La véritable interpellation vint un jour par l'intermédiaire de notre cher pasteur de l'époque qui travaillait à la réfection de ce local appelé à devenir une église.

Il faut préciser que nous habitions juste au-dessus, qu'il était donc fréquent de rencontrer les uns et les autres, qu'il m'était bien difficile d'éviter tout contact.
Entre temps, malgré tout, nous avions sympathisé avec certains d'entre eux, donc les relations s'étaient d'une certaine façon, normalisées.

Un jour, notre bien aimé pasteur, (que je n'appelais pas alors ainsi, dans ces temps), vint sonner à notre porte, et ce fut moi qui lui ouvris. (Il travaillait à la salle au rez-de-chaussée).

Le découvrant en combinaison de travail je fus un peu surpris, surtout lorsqu'il me précisa qu'il était venu me dire certaines choses de la part du Seigneur.
Il s'agissait de l'histoire d'Hérode et Jean Baptiste, histoire que l'on peut trouver dans la Bible en lisant les Evangiles.

Il nous est dit qu'Hérode le tétrarque avait fait arrêter Jean le Baptiste, l'avait lié et mis en prison, à cause d'Hérodias, femme de Philippe son frère, parce que Jean lui disait :" Il ne t'est pas permis de l'avoir pour femme".
Il voulait le faire mourir mais il craignait la foule, parce qu'elle regardait Jean comme un prophète.

Je vous invite à lire la suite de l'histoire pour y voir comment un homme qui aimait un ami, qui sympathisait avec lui, fut amené, à cause d'une promesse non réfléchie, à faire décapiter cet homme !
Cette histoire, dont le pasteur me fit en partie le récit était comme un avertissement pour moi.

En effet, en conclusion, c'était pour me dire de faire attention de ne pas aller trop loin dans le péché.

En réalité le message était qu'il pouvait exister un point de non retour pour celui qui va trop loin.

Je ne connaissais pratiquement rien de la Bible, même si comme je l'ai raconté au sujet de ma jeunesse, j'avais côtoyé bon nombre de religieux.
 Nombre de mes contacts parlaient de cette Bible, mais personne ne m'avait informé qu'elle était la Parole de Dieu, et que celui-ci s'adressait à l'humanité par les saintes Écritures.

Par contre, c'était sûrement conduit à la manière divine, car je ne doutais pas un instant que cet homme était venu me parler pour mon bien, de la part de Dieu.
Je dois faire remarquer au passage, que c'était la deuxième fois que des révélations de ce genre m'étaient données!

Ce qui est surprenant, c'est que, ne connaissant pas les Ecritures saintes, je fus intrigué au point d'aller moi-même chercher ce passage, et de le trouver en ayant vraiment fait des efforts, à tâtons dirai-je.
Je le lus plusieurs fois et, effectivement ce fut comme des paroles vivantes de Dieu qui m'étaient adressées.

Ces passages me parlaient, à moi, et je trouvai dans ces exemples quelque chose de vivant, assurément, c'étaient des paroles de Dieu pour moi, pour ma situation.
Je demandai à celui qui m'avait parlé, Dieu, de bien vouloir me conduire.

Je savais que ce ne serait pas facile de marcher dorénavant avec cette nouvelle optique, cette nouvelle vision, mais aussi cette nouvelle espérance.

Il me faudrait, désormais, rechercher la voie de Celui qui avait commencé à me conduire, à me parler !

Vous pouvez imaginer quel choc ce fut pour moi ; toutes mes prévisions, mes ambitions, mes relations mondaines allaient en être bouleversées.
Je ne me sentais pas le courage d'affronter cette nouvelle carrière qui n'était pas encore ouverte, mais que je pressentais comme se présentant à moi.
D'autant que les choses auxquelles j'étais attaché, du fait de cette présence, insoupçonnable mais bien réelle, étaient devenues inconfortables !

L'examen de ma situation me fit vraiment réfléchir. D'abord bien entendu, ne nous voilons pas la face et appelons les choses par leur nom : j'étais un pécheur, et ce sentiment de culpabilité, vis-à-vis de Dieu, était salutaire ; je l'ai expérimenté par la suite car il conduit à une véritable repentance qui ouvre les écluses des cieux.

Plus tard je constatai que la Bible, en effet, dit que nous sommes tous pécheurs :
" Tous ont péché et sont privés de la gloire de Dieu", et se reconnaître pécheur ne veut pas dire s'humilier inutilement puisque c'est la vérité.
Je pense que c'est faire preuve de réalisme, tout à coup de devenir capable d'affronter la situation avec courage.

On peut dés lors se tourner vers celui qui nous en a fait prendre conscience, nous appelant dans son amour à rechercher en son sein le secours dont nous avons besoin.
On peut aussi, tout en étant conscient de notre état, continuer notre route, avec cette épée de Damoclès suspendue au dessus de notre tète.

Parfois en arriver à la même conclusion que cette histoire de la Bible citée plus haut et qui m'interrogea.

Ce qui me paraissait compliqué, c'était comment cet interpellant auquel je demandais de l'aide allait me sortir de cette situation que j'estimais insoluble.
J'avais besoin d'un miracle.

Lorsque je décidai que j'étais prêt à suivre cette voie, je ne pouvais tout abandonner de cette vie de paillettes sans entrevoir des souffrances.
Le détachement de ces choses charnelles ne pouvait se faire "sans casse".
Je m'attendais à des blessures inoubliables. Pourtant je savais en même temps que le plus important demeurait ma décision de vouloir répondre à cet appel pressant de Dieu et le suivre.

Je ne connaissais pas encore ces versets de la Bible qui nous disent "qu'il ne sert à rien à un homme de gagner le monde s'il perd son âme" mais c'était ce qui se passait en moi :

J'étais attiré irrésistiblement vers ce royaume où toutes choses de la terre pâlissent peu a peu.
J'avais pris ma décision, tout en appelant au secours pour régler tout ce qui me semblait alors insurmontable, humainement parlant ; il faut bien dire que j'avais raison, à vue humaine.
Mais le grand Dieu des cieux est un Dieu de miracles; il me prit au mot, dans mon appel au secours, et, très rapidement, je le vis agir.

M'aidant dans tout ce que j'entrepris pour avancer dans cette nouvelle carrière offerte, ouverte pour moi. Encore aujourd'hui, je lui adresse ma gratitude pour avoir pris cette situation en main, pour m'avoir ainsi aidé à me sortir d'une impasse qui aurait pu avoir des conséquences désastreuses.

Je ne veux pas ici donner de détails sur cette vie passée, considérant que toutes choses anciennes sont maintenant pardonnées, et que toutes choses sont devenues nouvelles.

Il ne s'agit pas de la méthode "coué", mais de la Parole de Dieu. Au départ elle m'a apporté une solution, m'indiquant la route à suivre, les choix à faire.
Par la suite, elle est devenue une lumière sur mon sentier, un guide pour mes pas.

Cela peut paraître surprenant qu'après avoir traversé des "champs de mines", on puisse se sentir incapable de régler ce genre de problème n'est ce pas ?
Je pense qu'il est bon de mettre de côté tout orgueil, de reconnaître humblement que nous avons besoin d'aide, et d'aide spirituelle, souvent.
Qui pourrait mieux nous comprendre que notre Créateur ?
J'avais donc fait appel à Dieu pour qu'une suite favorable soit donnée à ma décision.

Je me surprenais à lui demander qu'il me parle, et jour après jour, je le savais présent.
Nos amis pasteurs, ceux de l'église qui connaissaient la situation priaient pour moi et surtout mon épouse.

Je me rendais compte, au fur et à mesure de ma progression dans cette communion, que j'arrivais à solutionner, à résoudre les problèmes, les uns après les autres, sans qu'il m'en coûtât trop.

Un jour, je me confiai à lui, après avoir vu sa merveilleuse œuvre dans ma vie. Je ne pouvais qu'aspirer à le recevoir plus complètement, pour qu'il devienne ce qu'il dit qu'il peut être pour chacun de nous: le chemin, la vérité, la vie…

Je fus touché par sa bénédiction; je demandai pardon pour ma vie de péché et je pleurai amèrement sur cette rébellion, cette désobéissance, qui m'avait amené loin de lui...

Toutes ces rencontres de ma jeunesse me revinrent à l'esprit ; un éclairage nouveau me faisait prendre conscience que Dieu me cherchait.
Il n'attendait que ma décision pour reprendre en main cette vie décousue, afin de la bénir, de la rééquilibrer et d'y apporter la paix, si nécessaire.

Ce pardon, tant recherché et désiré, survint sur moi, m'inondant d'une grâce particulière, et en même temps, je me sentais dégagé d'un fardeau terrible.

Je ne peux, encore aujourd'hui, apporter une définition correcte à ceci, parce qu'il s'agissait d'un poids énorme dont il était en train de me débarrasser ; tout en me montrant, vu l'importance de ces moments, qu'il me dégageait de tout ce qui me retenait captif !

Dans la bible, je sus plus tard qu'il est écrit que Jésus-Christ prit sur lui tout le poids de nos péchés, sur la croix du calvaire, purifiant notre conscience des œuvres mortes, afin que nous servions le Dieu vivant.
Je tiens à dire que personne ne vint me confirmer que j'étais pardonné, ce fut une véritable conviction personnelle.

Ce qui changea totalement, par rapport à ce que j'avais vécu plus jeune dans mon approche spirituelle, c'est cet échange permanent, qui était rendu possible, par la foi, au travers, la plupart du temps, de la parole de Dieu.
Je tiens ici à rappeler que cette mise en contact, si je peux me permettre, grâce à notre cher pasteur, avec la Bible, m'autorisait à faire moi-même la recherche pour savoir, connaître ce que Dieu voulait me dire.

Cette première mise en contact fut sûrement la plus grande semence qui fut plantée dans ma vie. En effet, cela m'apprit que l'être humain, créature de Dieu, peut avoir une relation avec son créateur.

Il peut être en communion avec lui, peut lui parler de ses difficultés, de ses problèmes. Il peut engager dans cette communion, un dialogue avec son créateur, et, en lisant la bible connaître des réponses à ses questions !
Ainsi, Dieu ayant pris ma vie en main parce que je le lui avais demandé, toute cette confusion qui régnait en moi et autour de moi, commença à s'éclaircir.

Les nuages commencèrent à se dissiper. Je voyais poindre les lueurs du soleil à l'horizon, des bouffées d'oxygène vinrent me renouveler, et je pouvais alors entrevoir un nouvel avenir.

Toutes choses allaient devenir nouvelles, non seulement pour moi mais aussi pour ma famille. Je ne m'en rendis pas compte tout de suite : cette décision était non seulement salvatrice mais elle m'ouvrait les portes de l'éternité ! J'étais en train de perdre des choses que l'on peut appeler bassement matérielles, mais dans cette affaire, j'avais gagné l'éternité, autant dire que l'enjeu en valait la chandelle !
En un mot, je venais de me convertir !

C'est-à-dire que, dorénavant, je faisais confiance à Dieu pour conduire ma vie. Je m'appuyais sur lui pour mon couple, pour la restauration de notre couple qui en avait bien besoin, et dont le divorce, par la grâce de Dieu, venait d'être évité, par miracle.

Depuis ce jour-là, bien des choses changèrent dans notre vie : cette sensibilité aux autres, à la spiritualité, revint petit à petit.

Plusieurs fois Dieu me parla de diverses manières, je partagerai d'ailleurs dans un autre livre des témoignages concernant les bénédictions de Dieu qui ont jalonné notre vie de service à mon épouse et moi.

Mais, ici, je veux en rester sur cette extraordinaire bénédiction de la conversion.
La prise de conscience qu'il existe un créateur, qui aime ses créatures et qui attend qu'elles se tournent vers lui avec humilité, se reconnaissant pécheresses.
Je ne veux pas minimiser les efforts de tous ceux qui ont participé à ma bénédiction.

Mon épouse, les frères et sœurs de l'église, le pasteur et son épouse, une chère sœur et amie, qui m'a tant béni par toutes sortes de manifestation de son amour mais décédée depuis.

Je raconterai plus en détail, par des témoignages particuliers, ce que cette chère amie m'a apporté. Je ne peux penser à elle sans une immense tendresse, affection, car elle m'a tant aidé dans mes premiers pas avec le seigneur.
Peut-être que ces louanges à des personnes paraîtront trop révérencielles, mais dans ce livre, je ne veux oublier aucun des bienfaits de mon créateur.

Je me dois, non seulement de dire la vérité et "rendre à César ce qui est à César", mais encore et surtout "rendre à Dieu ce qui est à Dieu". Ces personnes m'ont été d'un précieux secours.
Au travers de leurs bénédictions si diverses, je rends grâces à Dieu par la même occasion.
Enfin, je me tournai résolument dans la direction qui m'était indiquée. C'est-à-dire de suivre, respecter la Parole de Dieu, et apprendre jour après jour à devenir obéissant.

Lorsque l'on a été rebelle, que l'on n'a pas voulu, dans une partie de son existence écouter la voix de Dieu, suivre ses conseils malgré ses interpellations, il faut apprendre l'obéissance.

Je pense qu'il est bien difficile pour ceux qui sont habitués à assumer des responsabilités, d'écouter les autres. Mais l'apprentissage de l'obéissance est nécessaire.

Je dois aussi signaler ici que la plupart du temps, on est étonné de ce que ces gens-là sont très rapidement respectueux des enseignements de Dieu, peut-être parce qu'ils en comprennent toute la valeur, l'importance !

Je fus attentif aux enseignements, aux témoignages divers, aux remarques que l'on pouvait me faire, et, lisant la Bible, je fus particulièrement intéressé par la parole de Dieu.
Dans ma communion avec lui, je reçus jour après jour, ma provision pour marcher en nouveauté de vie.

Bien entendu, tout ne fut pas tout rose, mais je savais qu'à mes côtés une présence non palpable, mais évidente, se manifestait chaque fois qu'un besoin particulier se faisait sentir.

Il existait encore dans ma vie des poches de résistance. Continuant mon métier de commercial, chacun se doute bien qu'il me fallut combattre.

Il m'est arrivé parfois d'être dans la détresse parce que je me mettais moi-même à la limite du hors jeu. Je ne fus pas plus fort que qui que ce soit ; je dois avouer qu'après cette puissante conversion, vint une période de combat.

Mais je savais ce que je venais de gagner en acceptant Jésus-Christ comme mon sauveur personnel.

C'est parfois utile d'avoir souffert, cela nous donne plus de résistance, plus d'envie de combattre, en ne nous laissant pas décourager par les moindres "peccadilles".
Une nouvelle carrière s'ouvrait à moi et, par conséquent à toute la famille ; il était temps d'ouvrir des yeux spirituels sur la réalité de notre situation qui ne fut pas loin de capoter !

Entre-temps, mon épouse avait déjà fait un bon bout de chemin avec le Seigneur et elle raconte cela d'une manière touchante:
" *Je n'avais jamais entendu parler de la bible comme d'un livre d'actualité, des paroles en provenance du cœur de Dieu, qui s'adressaient directement à moi.*
C'était un commencement de guérison d'une âme si blessée, dans le désarroi quant à son avenir, avec un besoin profond d'onction quant à son passé, un peu de douceur apportée aux traumatismes de l'enfance et adolescence.
.
Dieu était en train de transformer mon esprit et mon âme, il était en train de me soigner, il était en train d'apporter un baume sur mes blessures.
Il pansait mes plaies par sa parole, il me rappelait que mes souffrances, mes rejets, il les avait vus, il venait m'apprendre que dans ses bras, j'étais une merveilleuse créature!

Néanmoins, ma plus grande expérience de communion avec le Seigneur Jésus-Christ, se produisit dans ma chambre, le jour ou je me tins à genoux devant lui, poussée par le Saint-Esprit!
Dans ce lieu secret, dans une communion intime, ma vie de péché défila devant moi. Convaincue que le sacrifice de Jésus-Christ sur la croix, que sa mort s'adressait à moi personnellement en ce moment précis, je pleurais...

J'avais besoin de recevoir ce pardon accordé par grâce au pécheur qui se repent, et là, je ressentais sa présence, ce sacrifice sur la croix était bien réel, il me lavait, me purifiait.

Oui, j'acceptais de rencontrer ce Jésus qui avait donné sa vie afin de me pardonner, de me libérer.
En même temps, je comprenais que cet amour "d'un autre monde", me guérissait des rejets, des humiliations, pansait mes blessures.

L'amertume, les racines de tous sentiments d'abandon, de rejet, d'exclusion, étaient en train de me quitter pour une paix intérieure qui surpasse toute intelligence, tout entendement!
Cette espérance vivante surgit en moi, elle me remettait sur pied, elle me permettait d'espérer en des choses complètement nouvelles...
Ma vie en fut bouleversée, l'acceptation de cheminer dorénavant avec celui qui venait de me toucher, apporta un baume dans mon cœur... »

C'est avec enthousiasme, peut-être même avec trop d'enthousiasme, que nous nous lançâmes dans cette nouvelle direction.

Nous venions de nous convertir, le chemin parcouru jusqu'alors devenait du passé et une nouvelle vie nous était promise!
Pardon à tous ceux que nous avons blessés à cause de cette fougue de la découverte !

Notre intention était pourtant de faire réaliser à chacun que nous venions de sauver et nos vies et notre couple, mais, dans la joie de partager il y eut des maladresses.

Comme je l'ai signalé par ailleurs, rien ne fut facile, mais jamais plus les choses ne furent aussi pénibles qu'avant cette conversion.

A partir de là, tout changea, d'un point de vue moral, spirituel, matériel. La sagesse qui nous vint d'en haut nous donna d'appréhender toutes choses avec cette paix qui bouleversa notre vie.

EXPERIENCES SPIRITUELLES

ET

PROFESSIONNELLES

Je ne pouvais plus rester dans l'entreprise qui m'employait comme commercial et je dus faire appel à Dieu pour m'aider, dans ma recherche de reclassement.
J'avais l'intention de retravailler à mon compte, en devenant agent multicartes. Je vécus alors, un véritable miracle dans ma vie professionnelle.

Je m'inspirais, dorénavant, de ce que la bible me conseillait:
"Cherchez premièrement le royaume et la justice de Dieu ; et toutes ces choses vous seront données par-dessus." (Mathieu 6/33)

Comme j'en ai déjà parlé, nous étions très concernés par l'évangélisation : en résumé, notre vie fut transformée par cette rencontre exceptionnelle avec Jésus, avec la parole de Dieu.

Nous savions que tout un chacun a besoin de faire cette rencontre car le fait de paraître heureux ne signifie pas qu'on l'est.

Dans mon travail commercial, je connaissais bon nombre de collègues qui paraissaient "superficiellement" heureux ! Pourtant, lorsque j'avais l'occasion de partager des moments plus personnels avec certains d'entre eux, je voyais bien souvent leur désarroi !

Cette expérience professionnelle et personnelle me bénit particulièrement et fut aussi pour notre entourage un puissant témoignage.
Je cherchais donc à travailler pour mon propre compte en tant qu'agent commercial.
Mais, bien entendu, ce qui était intéressant comme "portefeuille" (c'est-à-dire un ensemble de maisons et fournisseurs qui accordent un contrat de représentation), était bien gardé par ceux qui les détenaient.

Les solutions éventuelles restaient l'achat de ces cartes, lorsque cela était possible ou prendre de nouvelles maisons sans clientèle c'est-à-dire en prospection totale!
Donc, je me voyais dans la difficulté pour établir un portefeuille qui tiendrait la route et me permettrait de gagner ma vie correctement.

Aussi, mon épouse et moi-même avons-nous recommandé cette situation à Dieu, et je me souviens que l'une de nos chères sœurs et amie Simone était participante.
 D'ailleurs, elle prit un temps avec mon épouse, temps de jeûne et de prière, pour demander à notre grand Dieu d'ouvrir une porte.

J'avais, dans mon affaire, connu de nombreux agents commerciaux, mais je n'avais plus aucun contact avec eux depuis bien longtemps. J'avais signalé à quelques-uns de mes clients, ma recherche d'éventuelles cartes me permettant de créer un portefeuille correct.

Quelques jours après ces temps de prière, je reçus la visite de l'un de ces agents, que j'avais connu dans mon affaire. Je ne l'avais plus rencontré depuis quelques années, aussi, je fus surpris de sa visite.

Il m'expliqua qu'il avait appris par un client ma recherche en matière de fournisseurs. N'étant pas loin de la retraite, il désirait se mettre en contact avec une personne intéressée par une reprise de sa clientèle et de ses maisons.

C'était un miracle : quand on connaît la difficulté, la rareté de ce genre d'opérations, on ne peut que parler de miracle ! Mais tout de même, si cette relation était une aubaine préparée par notre Dieu, il fallait aussi penser à la transaction qui n'était sûrement pas une mince affaire sur le plan financier.

Je peux dire maintenant que, là, un deuxième miracle s'accomplit car cet homme me proposait de prendre sa suite pratiquement sans bourse délier.
Une partie pouvait se régler avec un crédit personnel, l'autre partie, par une avance fournisseurs.

Je ne peux, encore aujourd'hui, que louer le Seigneur pour une si grande compassion à mon égard, un si grand amour manifesté concrètement.

J'ai pu travailler de nombreuses années sur ces bases là : étant à mon propre compte, j'ai ainsi pu m'occuper aussi du groupe de chrétiens dont le Seigneur m'a donné la charge peu après cette époque là.

Je pouvais m'organiser pour conduire les diverses réunions et participer aux activités. Ce groupe qui est devenu par la suite une église : on peut dire que tout était prévu à l'avance par le bon berger.

Je dois dire qu'il était important que je sois mon propre patron, car je rendais témoignage de ma foi, et peu de dirigeants auraient supporté cette annonce de l'évangile auprès de nombreux clients.

Il m'est arrivé de prier pour certains d'entre eux, lors de mon passage, et, bien sûr, sans pression, et avec leur accord. J'ai également fait de nombreuses expériences avec mes mandants, cherchant toujours à ne pas tromper mes clients.

Il m'est arrivé de refuser certaines transactions parce que je les considérais comme malhonnêtes.

J'ai aussi eu maintes occasions de bénir les uns et les autres, par toutes sortes de considérations. D'ailleurs, j'ai pu très récemment rendre témoignage du fait que je n'ai pratiquement jamais laissé un double de la commande qui m'était confiée :

La confiance que l'on me portait ne s'est jamais démentie. Je veux vraiment rendre grâces à Dieu pour tout cela car cette relation particulière avec mes clients, je la lui dois !

Il n'y a pas si longtemps, ayant déjeuné chez un de mes anciens clients avec un ami évangéliste et mon épouse, nous avons pu échanger un peu en fin de repas.
Cet ami racontait que mes encouragements, lors de mes visites lui manquaient !
Voyez-vous, je savais qu'ils avaient besoin de l'aide de Dieu dans leur difficulté et je priais souvent pour leur apporter, quelque chose qui vienne du ciel !

Par la suite, j'ai bien entendu fait de nombreuses expériences professionnelles bénies, cela parce que j'ai essayé de me tenir près de mon Dieu et des Saintes écritures, qui sont la parole de Dieu.
Je me souviens avoir du lutter souvent pour ne pas me laisser aller à la philosophie trompeuse de ce monde.

"Prenez garde que personne ne fasse de vous sa proie par la philosophie et par une vaine tromperie, s'appuyant sur la tradition des hommes, sur les principes élémentaires du monde et non sur Christ." (Colossiens 2/8)

Lorsque j'étais à mon compte, je pouvais décider en mon âme et conscience, sans être obligé d'obéir aux ordres.
Ce fut différent pendant les quelques années dans une société, en tant que commercial, et aussi en tant que chrétien.

.Je tiens à reproduire ici ces quelques années passées auprès d'un patron, pour encourager ceux qui ont des difficultés pour cohabiter, précisant que c'est après avoir été longtemps décideur que je me suis retrouvé dans cette situation.

D'une certaine manière, je voulais me rendre compte par moi-même s'il m'était possible, avec l'aide de Dieu, de passer ce genre de test !

Ce ne fut pas facile, je dois l'avouer, d'abord, j'ai annoncé la couleur d'entrée, me déclarant chrétien, ayant rendu témoignage de ma foi et, pendant les sélections de candidats, les recruteurs ne me firent aucun cadeau !

Je sentais bien que leur préférence allait vers ceux qui paraissaient pouvoir tout accepter des ordres donnés par les responsables.

Nous avions prié, recommandé ce recrutement au Seigneur, parce que c'était aussi un tournant important dans ma vie. Malgré les réticences, en particulier du directeur commercial qui disait que je serais un bâton dans la roue pour l'empêcher de tourner, c'est moi qui fus finalement sélectionné.

Mon patron, PDG d'une usine d'une cinquantaine d'employés, était un homme pratiquement aveugle à 100%, particulièrement intelligent, devenu pour moi, par la suite, très attachant.

J'en ai souvent parlé, pour rendre témoignage : nous eûmes des altercations parfois sévères, mais aussi des discussions, véritablement enrichissantes.
 Il connaissait mon honnêteté, ma droiture et aussi ma loyauté : il l'appréciait, mais se laissait souvent entraîner dans des controverses qu'il aurait pu éviter.
Nous étions ensemble tous les lundis, et dînions toujours tous les deux, nous entretenant du travail, mais aussi débattant sur la religion jusque tard dans la nuit.

Dans un premier temps, il m'avait autorisé à distribuer des bibles à tous les cadres, plus une partie du personnel.

Il aimait parler des choses spirituelles, et, étant très cultivé dans tous les domaines, il avait des raisonnements intéressants.

Il disait souvent, au fur et à mesure que nos relations s'approfondissaient, que moi j'étais pasteur d'une église, et que lui était pasteur de l'usine.
Il avait embauché, à une certaine époque, des chrétiens africains, et je pense qu'il s'agissait là d'une intention, même d'une attention de sa part !

Par la suite, ceux-ci vinrent d'ailleurs dans l'église que je conduisais. Il aimait faire avec moi le tour de l'usine saluant les employés, pour me montrer qu'il dirigeait comme un bon père de famille !

Il n'avait pas son pareil, même aveugle, pour débusquer les incartades des uns et des autres, et je l'admirais sur ces points là.
Il avait fini par accepter ma façon d'être, me respectant dans mes témoignages.

Parfois, ceux que je donnais chez nos clients, ne le dérangeaient pas outre mesure, à condition que je reste correct.
Il a essayé au début de me faire plier à certaines de ses directives que je ne trouvais pas conforme à la parole de Dieu.

Je me suis vu, plusieurs fois, dans l'obligation de lui rappeler que, seule, la parole de Dieu était vérité, et non pas sa parole à lui, aussi intéressante soit-elle !

Je sais que beaucoup d'amis chrétiens se trouvent en difficulté dans leur travail.

Ils se sentent frustrés d'avoir à obéir parfois à des directives qui sont contraires à l'éthique chrétienne. S'il est vrai que ce n'est pas facile d'appliquer sur le "terrain" les recommandations bibliques, nous devons veiller en permanence pour témoigner de notre foi.

Le Seigneur voit alors le désir profond de nos cœurs de lui être agréable. En réclamant son soutien, nous pouvons être sûrs d'être aidés dans ce domaine.
J'ai souvent raconté que je me suis moi-même trouvé dans des situations délicates, que j'ai appelés "à la limite du hors jeu", pour ceux qui connaissent le football.

Dans ces circonstances, criant à Dieu pour qu'il m'apporte son secours, je peux dire qu'il est intervenu pour me supporter, c'est à dire me porter par en dessous, me soutenir.

J'ai souvent tourné en dérision ces moments ou je me sentais acculé dans mes derniers retranchements, ne voyant aucune porte de sortie correcte.
Je me souviens de ce PDG qui me demanda de répondre au téléphone : j'étais dans son bureau, et il voulait que je dise qu'il était absent !

Il connaissait mon témoignage, et je me sentais très ennuyé d'avoir ou à mentir ou à lui dire non.
"Vous ne pouvez pas me demander cela lui dis-je, vous savez que je n'ai aucune envie de mentir, et vous voulez me forcer à le faire.
Si je mens au téléphone devant vous, vous saurez que je peux aussi le faire avec vous" !
Il a souri et, finalement il a répondu.

Mais il s'est souvenu de mon intervention car, une autre fois, nous étions dans son bureau avec un collègue, et voulant renouveler sa demande, il se souvint de ma réponse et interpella mon collègue pour que ce soit lui et non pas moi qui réponde !
Il m'est arrivé bien des évènements auxquels j'ai dû faire face en chrétien, en mon âme et conscience.

Je sais que ce n'est pas facile, il faut faire des efforts, manifester du courage, mais c'est aussi cela que Dieu demande à ses enfants :
"Apprendre jour après jour, se laisser modeler, être l'argile dans les mains du potier" Romains 9/21

J'ai toujours dit que nous n'étions pas parfaits, que la foi, le pardon s'apprenaient, devaient progresser, qu'il était nécessaire de nous perfectionner quotidiennement.

Avec cet ami patron, nous avons souvent partagé, car il appréciait ma compagnie. Quelquefois, ce fut difficile parce que son raisonnement voulait occulter la parole de Dieu.

Il savait que je croyais plus en la parole de Dieu qu'en la parole des hommes et cela le gênait.

Il ne pouvait, par sa philosophie ou ses raisonnements, si intéressants fussent-ils, prendre autorité sur moi.
Il lui arrivait de vouloir me démontrer que la philosophie était plus importante que mes pensées spirituelles.

Je lui ai d'ailleurs cité une fois ce passage, ce verset qui dit :
"Sanctifie les par ta vérité, ta parole est la vérité" Jean 17/17

- Monsieur lui ai-je dit, malgré tout le respect que je vous dois, ce n'est pas votre parole qui est la vérité mais la parole de Dieu !

Il a hésité un instant, puis, finalement, a repris la conversation, un peu moins sûr de lui !

Toutefois, nous avons ensemble partagé d'excellents moments et je garde un bon souvenir de ces quelques années de collaboration.

J'ai pu le revoir par la suite et garder de bonnes relations. J'ai appris d'ailleurs très récemment que cet ami était décédé.

Je suis convaincu que les semences ne sont point retournées à Dieu sans effet.

On se doit de reconnaître que ma vie avait totalement changée depuis ma conversion, mon acceptation de la grâce de Dieu dans ma vie!

Mon travail, ma vie de couple, ma relation avec les autres, mes enfants!

Enfin c'est un véritable bouleversement, après ce chemin parcouru, parsemé de ronces, d'épines, de culpabilité, de blessures intérieures, enfin une vie nouvelle était possible.

Si vous n'avez pas encore fait cette expérience de libération par le pardon de Jésus-Christ sur la croix du calvaire, je vous invite à vous examiner vous-mêmes.

Dans un temps de recueillement, recherchant la présence de Dieu, celui-ci ne manquera pas de se manifester.

Vous ne regretterez jamais ce moment de lucidité, qui ôtera toutes illusions que vous pourriez encore vous faire sur vous-mêmes.

Cela vous permettra d'aborder l'avenir avec un œil nouveau, un regard de foi, bénéficiant de l'aide d'un guide et conseiller qui dit de lui-même qu'il est le chemin, la vérité, la vie.

Pendant toutes les années ou j'ai continué d'exercer ma profession de commercial après ma conversion, et avant que je sois devenu pasteur, bon nombre de mes collègues me disaient que la foi est l'arme des faibles !

Je pense pouvoir dire avec preuves et conviction que c'est bien le contraire.
A partir du moment où je me suis converti, c'est-à-dire quand j'ai donné ma vie à

Dieu pour qu'il la prenne en mains, je me suis bien rendu compte qu'il était très facile de succomber à la tentation des plaisirs, que cela ne demandait aucun effort, alors que vivre dans la foi supposait résister à la tentation avec l'aide de Dieu.

Je me suis trouvé maintes fois dans ces cas d'espèces, où ceux qui m'accompagnaient, ne lésinaient pas dans les mensonges, pour conclure certaines affaires !

J'ai dû bien souvent intervenir parce que cette façon de faire me dérangeait dorénavant. Ainsi, ceux qui en étaient les auteurs, étaient interpellés, mais je ne l'ai jamais fait avec un esprit de secte ou de parti, seulement parce que cela me dérangeait.

J'ai d'ailleurs de nombreux témoignages sur le fait que ces interventions furent, pour nombre d'entre eux, une bénédiction !
Le premier amour, l'enthousiasme de la vie nouvelle, furent des moteurs pour annoncer l'évangile de Jésus-Christ.

Je dois dire que j'étais soutenu spirituellement par tous ceux qui m'entouraient et qui avaient vu, à la suite de ma conversion une réponse à leur prière.

Un assez long moment s'était écoulé entre la prise de conscience de mon épouse et mon acceptation des voies de Dieu, environ deux ans ! Vous qui êtes dans ce cas, ne vous découragez pas, vos prières ne sont pas vaines.

Vos efforts, votre attitude, votre comportement quotidien de chrétien porteront leur fruit...
J'ai déjà cité tous ces amis qui m'ont tant béni, mais je dois beaucoup de reconnaissance à notre chère sœur Simone.

Plusieurs fois, dans mes premiers pas, vous m'avez aidé dans la compréhension de la volonté de Dieu. Vous m'avez encouragé dans des choses simples, les écritures que j'avais du mal à comprendre, dans nos partages.

Vous étiez animée de cette particularité qui vous rendait si sensible : l'amour de Dieu !
Donc, bien des gens m'ont entouré dans mes premiers pas. D'autant que mon métier ne facilitait pas les choses, les relations d'affaires ne s'embarrassaient pas de ce genre de sensibilité.

J'avoue, avec le recul, que j'ai été aidé bien plus que je ne l'avais estimé sur le moment !
J'avais à faire avec des responsables qui n'hésitaient pas sur les moyens pour parvenir à leur fin, bien d'accord avec cet adage :
"Peu importe le flacon, pourvu qu'on ait l'ivresse" ou encore "la fin justifie les moyens".
Ce qui importait, c'était le résultat, seulement le résultat.

Il faut aussi dire ici que notre salaire ne dépendait que des ventes, ce qui amplifiait cette recherche du but, sans considérations philosophiques.

Je parle de cela pour inciter ceux qui se trouveraient dans une telle situation à ne pas succomber à cette tentation de la facilité, croyant que Dieu ne peut pas pourvoir à tous leurs besoins.

Je n'ai jamais manqué de rien depuis que je connais le Seigneur, et il a toujours pris en compte mes diverses situations.

Il a entendu mes cris de désespoir, mes appels à l'aide, lorsque je me suis trouvé dans des positions délicates.
Il est souvent venu à mon secours alors que j'étais prêt à succomber à la tentation, à renier ce qui fait la force d'un chrétien, c'est-à-dire la foi.

J'ai raconté en partie quelle fut la conversion de mon épouse son entrée dans une nouvelle vie après avoir souffert dans ce chemin sans Dieu!

Cela fut le déclenchement d'une bénédiction bouleversante dans notre famille. Il faut dire que l'enfance de ma femme a été particulièrement marquée par le rejet. Je rappelle ici, que sa maman est décédée dans un accident de la route où elle fut carbonisée.

Son père grièvement blessé et brûlé, dut subir par la suite de nombreuses opérations, particulièrement douloureuses. Mais il resta malgré tout défiguré et passa le restant de sa vie marqué par cet accident.
Mon épouse ne pouvait accepter cette vérité :
Sa maman était vraiment décédée !
Comment vivre avec une telle évidence, à l'âge d'un enfant, dix ans !

Les circonstances qui suivirent conduisirent cette jeune fille en pension. C'étaient les conséquences immédiates, "la punition" qui faisait suite à la souffrance d'avoir perdu sa chère maman. Vous pouvez aisément imaginer les douleurs dans ce cœur.

Son papa la laissait maintenant avec sa grande peine et il y ajoutait le rejet, tout en la séparant du reste de la famille. J'ai tenu à noter ici ces quelques lignes la concernant pour bénir ceux qui passeraient ou seraient passés dans des situations qui paraissent sans issue.

D'autre part, ce témoignage aidera à comprendre la suite, dans le travail de notre ministère.
Certaines blessures, intérieures, profondes, ont trouvé, dans nos cœurs, un écho favorable, et nous avons pu ainsi amener ces fardeaux au seigneur qui a guéri.

L'enfance de mon épouse fut donc marquée par ce rejet, l'absence de sa maman, de ses frères, les journées passées seule, en pension.
Vous comprendrez qu'il y a de quoi être meurtrie, marquée à vie ! Nous savons, avec l'expérience, que le fait même de se sentir mal aimé, repoussé, rejeté, peut faire croître en chacun des racines d'amertume particulièrement tenaces.

Il est évident qu'une personne qui est dans cette frustration affective, se voit abandonnée, trahie.
Par la suite, n'approuvant pas la conduite de son père, mon épouse fut maltraitée, rabaissée, accusée sans cesse de tous les maux.

Voila donc des semences, dans une jeunesse, qui peuvent briser une vie. Elle eut des pensées d'en finir avec cette existence, des envies de vengeance, enfin tout ce qui peut germer dans un cœur aussi affligé, dans une aussi profonde détresse.

Malgré tout, notre rencontre à vingt ans, donna une petite note de gaîté dans ce cœur meurtri !
Cependant, les plaies restaient ouvertes, même si notre vie intense dans les affaires ne permettait pas de trop penser.

Il fallut des circonstances plutôt douloureuses, pour une intervention miraculeuse de Dieu. Seul le Saint Esprit, pénétrant nos vies au plus intime, peut venir extirper nos douleurs.

Lui seul a la capacité de nous apporter une entière guérison. Ce fut le cas pour mon épouse, mais il n'y eut pas de miracle particulier au départ.
Au fur et à mesure de notre marche avec le Seigneur, lisant, écoutant la parole de

Dieu prêchée, le Saint Esprit fit son œuvre.
Mon épouse accorda son pardon à son papa, l'aidant ainsi à être libéré de ses chaînes. Son témoignage auprès de lui, jour après jour, malgré ses sarcasmes, le conduisirent à se convertir.

L'un de ses frères également converti, témoin de ces évènements, participa ardemment à cette bouleversante conversion.

Le Seigneur fait ce qu'il a promis :
Il nous délivre de nos tourments, de nos troubles, de nos manques, de nos souffrances intérieures.

Les racines d'amertume sont profondément ancrées, lorsqu'on a vécu, dans son enfance, ce que je viens de raconter ci-dessus. Aussi, si Dieu n'intervient pas, ce sont des vies gâchées, remplies de conflits, de controverses.

Très souvent, il s'agit de maladies psychosomatiques sans solution, à vues humaines. Je vous encourage à ne pas garder pour vous ces ressentiments qui sont les vôtres.

Ce que vous ne pouvez pas faire, c'est-à-dire pardonner, par exemple, Le Saint Esprit va vous aider à le réaliser, comme il l'a fait pour mon épouse.

Il n'y a rien qui soit impossible à notre Dieu !
Bien sûr, il y a eu des paroles offensantes, des comportements blessants à votre égard.

Cependant, malgré ces agressions humiliantes, pour être délivrés, vous devez commencer par une démarche personnelle :
Accordez votre pardon, ainsi, vous délierez, et vous serez déliés !

Nous ne pouvons pas nous-mêmes imaginer la puissance libératrice du pardon ! J'aime à dire que bien souvent, pour nombre d'entre nous, le chemin du pardon est difficile. Mais nous devons décider de cela, pour mettre en route la bénédiction de Dieu.

Ce désir, sincère et profond de laisser là tout ressentiment, animosité ou encore hostilité, nous conduira à la paix.

En même temps, ceux qui nous ont offensés auront dorénavant accès à l'acquittement !

" Veillez à ce que nul ne se prive de la grâce de Dieu, à ce qu'aucune racine d'amertume, poussant des rejetons, ne produise du trouble, et que plusieurs n'en soient infectés "
(Hébreux 12/15)

Je voulais, pour ce qui concerne ce livre, en rester à cette bénédiction de l'intervention concrète de Dieu dans notre vie.
Partager avec vous ces quelques expériences bénies

Nous ne voulons "oublier aucun de ses bienfaits", tant pour nous-mêmes que pour ce qui est de notre ministère.

Nous avons vu de nos yeux tellement de choses glorieuses, de vies changées, de personnes délivrées, de gens guéris, des blessures profondes pansées, soignées!

Oui, nous croyons que Dieu, son Fils Jésus-Christ, sa Parole, c'est-à-dire la Bible, restent la solution pour l'humanité. Nous y avons trouvé notre compte et nous prions qu'il en soit de même pour vous.

Nous savons aussi que tout changement durable naît au fond du cœur : personne ne m'a obligé à quoi que ce soit, et on ne m'a pas imposé de contrainte.

Ce chemin parcouru souvent dans la souffrance et l'affliction, nous a conduit à une merveilleuse rencontre pour une vie nouvelle!

Dorénavant, je peux dire suivant le psaume 23 :

" *L'Eternel est mon berger,*
Je sais que je ne manquerai de rien,
Jamais "...

FIN

SOMMAIRE

1) SOUVENIRS D'ENFANCE..................................PAGE 3

2) VIE AU LYCEE...PAGE 9

3) MARIAGE ET AFFAIRES.................................PAGE 16

4) RUPTURE DOULOUREUSE.............................PAGE 31

5) CHANGEMENT DE PROFESSION...................PAGE 35

6) RENCONTRE PARTICULIERE......................... PAGE 40

7) PREMIERE INTERPELLATION........................ PAGE 56

8) VIE TRANSFORMEE.. PAGE 62

9) EXPERIENCES SPIRITUELLES
        ET PROFESSIONNELLES......................PAGE 75

Oui, je veux morebooks!

i want morebooks!

Buy your books fast and straightforward online - at one of world's fastest growing online book stores! Environmentally sound due to Print-on-Demand technologies.

Buy your books online at

www.get-morebooks.com

Achetez vos livres en ligne, vite et bien, sur l'une des librairies en ligne les plus performantes au monde!
En protégeant nos ressources et notre environnement grâce à l'impression à la demande.

La librairie en ligne pour acheter plus vite

www.morebooks.fr

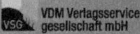

VDM Verlagsservicegesellschaft mbH

Heinrich-Böcking-Str. 6-8
D - 66121 Saarbrücken

Telefon: +49 681 3720 174
Telefax: +49 681 3720 1749

info@vdm-vsg.de
www.vdm-vsg.de

www.ingramcontent.com/pod-product-compliance
Lightning Source LLC
Chambersburg PA
CBHW021847220426
43663CB00005B/443